CLV

Alexander Strauch

Die Revolution der Geschlechter

Gottes Plan für Mann und Frau

clv
Christliche
Literatur-Verbreitung e.V.
Postfach 110135 · 33661 Bielefeld

Alexander Strauch lebt mit seiner Frau und zwei Töchtern in Littleton, Colorado. Zwei verheiratete Töchter wohnen in der Umgebung. Herr Strauch ist ein begabter Bibellehrer und Ältester in einer Gemeinde in Littleton, in der er nun schon mehr als 30 Jahre dient. Andere Bücher von Alexander Strauch, die in Deutschland erschienen sind: *Biblische Ältestenschaft: Ein Aufruf zu schriftgemäßer Verkündigung; Platz ist in der kleinsten Hütte: Vom Segen der Gastfreundschaft* und: *Der neutestamentliche Diakon.*

Alle Schriftstellen sind, wo nicht anders angegeben, nach der Revidierten Elberfelder Bibel zitiert.

1. Auflage 2001

Originaltitel: Men and Women: Equal yet different

Christliche Literatur-Verbreitung e.V.
Postfach 110135 · 33661 Bielefeld
Internet: www.clv.de
Übersetzung: Svenja Tröps
Satz: CLV
Umschlag: Dieter Otten, Gummersbach
Druck und Bindung: Ebner Ulm

ISBN 3-89397-286-2

Inhalt

Sinn und Zweck dieses Buches 7

Der Hintergrund der Kontroverse 11

I. Jesus Christus beruft sich auf die Schöpfungsgeschichte . . . 23
A. 1. Mose 1: In Gottes Ebenbild geschaffen 24
B. 1. Mose 2: Gleich und unterschiedlich geschaffen 27
C. 1. Mose 3: Der Sündenfall und der Kampf der Geschlechter 33

II. Jesus Christus legt die Leitung seiner Gemeinde . . . .
in die Hand von Männern 41
A. Jesus musste ein Mann sein 42
B. Jesus beruft zwölf männliche Apostel 45

III. Jesus Christus gibt durch die Apostel Richtlinien für die Ehe 55
A. 1. Petrus 3,1-7 56
B. Epheser 5,21-33 66
C. Kolosser 3,18.19 80
D. 1. Korinther 7,1-40 81
E. Titus 2,3-5 83
F. 1. Timotheus 3,4.5.12 86

IV. Jesus Christus lehrte durch die Apostel sowohl die
Gleichwertigkeit von Mann und Frau als auch die
Rollenunterschiede in der Gemeinde 89
A. 1. Timotheus 2,8-15 91
B. 1. Korinther 14,33b-40 100
C. 1. Korinther 11,2-16 104
D. Römer 16,1-16; Apostelgeschichte 16,14.15; 18,24-26;
Philipper 4,2.3; 1. Timotheus 3,11 112
E. Galater 3,28 119

V. Jesus Christus und seine Apostel redeten klar und deutlich 129
A. Wir erlauben Jesus Christus für sich selbst zu reden und zu handeln 129
B. Wir erlauben der ganzen Schrift für sich selbst zu reden . . 130
C. Wir erlauben der klaren Logik der Schrift für sich selbst zu reden 132
D. Wir erlauben den Kernaussagen für sich selbst zu reden . . 134

VI. Sei mutig und halte am Glauben fest 141

Stichwortverzeichnis 145

Anmerkungen 151

Sinn und Zweck dieses Buches

Eine der gravierendsten Veränderungen in der Geschichte der Menschheit hat in den letzten vierzig Jahren stattgefunden: die Revolution der Geschlechter. Oder mit den Worten des Historikers William Manchester: »Die Ausradierung der Unterschiede zwischen den Geschlechtern ist nicht nur das Aufsehen erregendste Thema unserer Zeit, es könnte das tiefgreifendste überhaupt sein, mit dem die Menschheit je konfrontiert wurde.«[1]

Den Christen erging es da nicht anders als dem Rest unserer Gesellschaft, sie wurden durch diese Veränderungen unablässig beeinflusst. In einem Leitartikel der *Time* über »Die zweite Reformation« war zu lesen, dass religiöse Feministen glauben, sie befänden sich »in einem großartigen und historischen Wandel der Christenheit«.[2]

In Wirklichkeit ist der Rollentausch, welcher weltweit in christlichen Kreisen stattfindet, nicht das Zeichen einer »zweiten Reformation« (die erste war im 16. Jahrhundert Martin Luthers ›Zurück-zur-Bibel-Reformation‹), sondern eine radikale Abkehr von dem biblischen Lebensstil, der von den Aposteln gelehrt wurde.

Unter den bibeltreuen Christen rief die Revolution der Geschlechter eine emotional angespannte Auseinandersetzung über das biblische Rollenverständnis von Mann und Frau hervor. In dieser Diskussion gibt es hauptsächliche zwei Standpunkte. Einer ist der evangelikal-feministische (egalitäre), der andere ist der komplementäre, ein nicht-feministischer Standpunkt.

Der Zweck dieses Buches besteht darin, den komplementären Ansatz darzustellen und zu verteidigen. Übersichtlich gegliedert erbringt es den biblischen Beweis, dass Jesus Christus gelehrt hat, dass Männer und Frauen zwar gleich, aber doch unterschiedlich sind. Es stellt die Schlüsselworte und -argumente vor, sowie die neusten Erkenntnisse dieses Ansatzes. Somit liefert es eine leicht lesbare Zusammenfassung aller zentralen Bibelstellen zu diesem Thema.

Dieses Buch besteht zu 90 Prozent aus Bibelauslegung. Ich betone die Schrift, weil die Antwort auf diese ganze Debatte in Gottes Wort zu finden ist und nicht in Büchern über Soziologie oder Anthropologie. Außerdem »werden Moral und Verhalten eines Christen durch nichts mehr geprägt als regelmäßiges Bibellesen«.[3] Trotzdem breitet sich heutzutage unter Christen ein biblisches Analphabetentum alarmierend schnell aus,[4] und man kann sogar davon ausgehen, dass die Bibel in Zukunft sogar noch weniger gelesen wird.[5] Während die Stimmen der postmodernen Welt immer lauter und angenehmer klingen, ist es für Christen lebensnotwendig, die Stimme Gottes klar durch sein Wort zu vernehmen. Denn nur so können sie dem allgegenwärtigen Einfluss der säkularen Gesellschaft widerstehen. Ich bete ernstlich, dass Sie die sorgfältigen Auslegungen der Heiligen Schrift als den gewinnbringendsten Teil dieses Buches erleben. Es sollte einen Christen immer begeistern, Gottes Wort zu studieren. Unser Herr liebte das Wort Gottes und zitierte es mit Vollmacht, wenn er Versuchungen und Streitfragen ausgesetzt war. Wie ein Bibellehrer treffend über unseren Herrn Jesus bemerkte:

> Wir können mit aller Ehrfurcht behaupten, dass Jesus Christus wie ein Schwamm mit der Schrift vollgesogen war … Ein Zehntel von dem, was er sagte, zitierte er aus dem Alten Testament. In den vier Evangelien sind 180 von 1800 Versen, die seine Worte wiedergeben, entweder Zitate aus oder direkte Anspielungen auf die Schrift. Wenn wir dafür kritisiert werden, permanent diese Texte zu zitieren, was soll dann von Christus selbst gesagt werden, dem sie ja andauernd auf der Zunge lagen?[6]

Dieses Buch wurde für Menschen geschrieben, die mit den biblischen Texten über Mann und Frau nicht so vertraut sind und auch kein langatmiges Buch über dieses Thema lesen möchten (davon gibt es erstaunlicherweise eine ganze Reihe). Es ist besonders geeignet für junge Menschen im Alter von Oberstufenschülern und Studenten. Außerdem ist es ein ausgezeichnetes Nachschlagewerk für jeden, der eine Gesamtübersicht aller biblischen Schlüsselpassagen zum Thema Geschlechterkampf aus der Sicht der komplementären Position haben möchte. Was die geistliche Haltung meiner Leser betrifft, setzte ich voraus, dass sie Jesus Christus als den Herrn ihres Lebens anerkennen und die Bibel als Gottes geschriebenes Wort, die für den Christen eine göttliche und unfehlbare Richtschnur in allen Lehr- und Lebensfragen darstellt. Die Bibel sagt von sich selbst:

> Alle Schrift ist von Gott eingegeben und nützlich zur Lehre, zur Überführung, zur Zurechtweisung, zur Unterweisung in der Gerechtigkeit, damit der Mensch Gottes richtig sei, für jedes gute Werk ausgerüstet (2Tim 3,16-17).

Fragen

1. Was sind Ihre wichtigsten Fragen und Bedenken zur Diskussion um die Rolle der Geschlechter?
2. Identifizieren Sie die Kernaussage dieses Buches, die der Autor anhand der Schrift beweisen möchte.
3. Was lehren die folgenden Bibelstellen über die Einstellung Jesu Christi zur Heiligen Schrift:
   Matthäus 4,1-11; 5,18; 15,3.4.6
   Lukas 18,31; 24,25-27.32.44
   Johannes 10,34-35
4. Welche Einstellung sollte laut Apostelgeschichte 17,11 ein Gläubiger zu umstrittenen Themen und dem Gebrauch der Schrift haben?
5. Wo sehen Sie, dass sich »der biblische Analphabetismus unter Christen alarmierend schnell ausbreitet«?
6. Wenn diese Form des Analphabetismus immer mehr zunimmt, was für Konsequenzen müssen unsere Gemeinden dann daraus ziehen?

Der Hintergrund der Kontroverse

Tom, ein Student an einem sehr bekannten christlichen College, hielt mich eines Sonntags nach dem Mittagessen zurück und sagte: »Die Sache mit der Rollenverteilung von Mann und Frau in der Gemeinde verwirrt mich ziemlich.«
»Warum?«, fragte ich.
»Einige meiner Professoren sagen, dass Gott Mann und Frau gleich gemacht hat, und dass die traditionelle Auffassung der Rollenverteilung ein Mythos ist, eine zu vereinfacht dargestellte Interpretation der Bibel. Andere Professoren bestehen darauf, dass die Bibel sowohl die Gleichberechtigung, als auch die Verschiedenheit von Mann und Frau lehrt.«
»Nun«, lachte ich, »willkommen beim Kampf der Geschlechter. Ich selber wurde in den 70er Jahren hineingezogen. Im Laufe der Jahre habe ich diese Debatte aus persönlichem Interesse verfolgt und ganz besonders ihre Auswirkungen auf bibeltreue Gemeinden. Genau genommen wird dieses heiße Eisen noch überall eifrig geschmiedet, und neue Bücher und Artikel werden laufend frisch gedruckt.«
»Was soll ich machen?«, fragte er.
»Wie interessiert bist du?«, hakte ich nach.
»Ziemlich«, versicherte er.
»Warum?«
»Weil ich wissen möchte, was Gott von mir will. Ich möchte wissen, was die Bibel lehrt.«
»Sehr gut, Tom! Ich bin froh zu hören, dass dir wichtig ist, was die Bibel, Gottes Wort, sagt. Lass uns das mal zusammen in der Bibel nachlesen. Ich zeige dir, warum ich zu der Überzeugung gekommen bin, dass die Bibel lehrt, dass Gott Männer und Frauen sowohl gleich als auch unterschiedlich geschaffen hat.«

Die Debatte um die Rollenverteilung zwischen den Geschlechtern ist keine abstrakte, unpersönliche Lehrstreitigkeit. Sie berührt direkt unsere Menschlichkeit, unsere sexuelle Identität, unseren geistlichen Dienst, unsere Ehen, Familien und unser örtliches Gemeindeleben. Sie wirft fundamentale Fragen bezüglich Fairness und Gerechtigkeit auf, bezüglich dem Einfluss der säkularen Kultur auf das Denkgefüge eines Christen, bezüglich der richtigen Methodik, Gottes Wort auszulegen, bezüglich der Frage der Leiterschaft in unseren Gemeinden und bezüglich unseres Glaubens an Gottes Wort. Es ist eine emotionsgeladene Debatte, die Gemeinden und Denominationen weltweit spaltet.

Wie mein junger Freund schon herausgefunden hatte, kann sich niemand dieser Problematik entziehen. Auch sollte man nicht versuchen, sie einfach zu übergehen. Es ist einfach zu wichtig. Der Rollenkampf provoziert unser Denken und unsere grundsätzlichen Überzeugungen, und das ist gut. Solche kontroversen Themen zwingen ernsthafte Christen zum genaueren Nachdenken und zum gründlicheren Studium von Gottes Wort.

Als ich zum Beispiel 18 Jahre alt war, haben zwei Zeugen Jehovas meinen Glauben bis auf die Grundfesten erschüttert. Sie forderten mein Vertrauen an die Göttlichkeit Christi heraus. Sie warfen mir Fragen an den Kopf, die ich nicht beantworten konnte und auch keiner meiner Bekannten. Durch Beten und Lesen von allem, was ich in die Finger bekommen konnte, durch gewissenhaftes und sorgfältiges Bibelstudium konnte ich schließlich anhand der Bibel ihre Fragen beantworten. Ihre Herausforderung resultierte in der Festigung meines Glaubens und in der Entwicklung meiner Fähigkeiten, mit der Schrift zu arbeiten.

Obwohl der Rollenkampf nicht von gleicher lehrmäßiger Wichtigkeit ist wie die Frage der Göttlichkeit Christi, ist dies trotzdem ein wichtiges Thema. Es zwingt uns genauso, unsere festgehaltenen Überzeugungen zu untersuchen und herauszufinden, was die Bibel nun eigentlich wirklich sagt.

Bibeltreue Christen haben im Allgemeinen eine von zwei möglichen Positionen in Bezug auf den Rollenkampf. Die eine ist der sogenannte *komplementäre* (»sich ergänzend«) Ansatz, der eine nichtfeministische Sichtweise ist. Er wird auch als der traditionelle oder hierarchische Ansatz bezeichnet. Die andere Position ist die evangelikal-feministische, oder *egalitäre* (»gleich sein«), Position. Diese wird auch als biblisch-feministisch, biblisch-egalitär oder biblische Gleichheit bezeichnet. Die meisten Leute, die den komplementären Standpunkt vertreten, möchten am liebsten, dass der Ausdruck ›die biblische Sicht‹ benutzt wird. Aber da die Anhänger beider Seiten diesen Anspruch erheben, werde ich die Begriffe *komplementär* und *evangelikal-feministisch* gebrauchen, um die beiden Hauptauslegungen auseinanderzuhalten.

Die komplementäre Sichtweise

Die komplementäre Sichtweise lehrt, dass Gott Männer und Frauen gleich geschaffen hat, ihnen aber jeweils geschlechtspezifische Rollen zugedacht hat. Gelehrte wählten den Ausdruck *komplementär*, um sowohl die Gleichwertigkeit der Geschlechter als auch die sich ergänzenden Unterschiede von Männern und Frauen hervorzuheben. Laut diesem Standpunkt schuf Gott Mann und Frau gleich in seinem göttlichen Ebenbild. Männer und Frauen haben beide eine Persönlichkeit, Würde und sind wertvoll (1Mo 1,26-28). Darüber hinaus sind sich die Anhänger der komplementären Sicht einig, dass alle an Jesus Christus Gläubigen – egal ob Mann oder Frau – getauft werden, vom Geist begabt sind, Priester des allgemeinen Priestertums und vollwertige Glieder des Leibes Christi sind. Deshalb sollten sie alle ihre geistlichen Gaben bestmöglich einsetzen und im Glauben zur vollen geistlichen Reife wachsen.

Laut der komplementären Sicht ist es genauso richtig, dass Gott Männer und Frauen unterschiedlich geschaffen hat, damit sie verschiedene geschlechtspezifische Aufgaben meistern können. Gott schuf den Mann als Ehemann, Vater, Ernährer und Beschützer. Er soll das Haupt der Familie sein und die Familie der Gemeinde führen. Gott entwarf die Frau, um Ehefrau, Mutter und Erzieherin zu sein. Sie soll dem Mann eine aktive Hilfe sein und sich ihm unterordnen. Gott plante diese Unterschiede schon während der Schöpfung. Die Bibel verwendet Schlüsselworte wie *Haupt*, *Hilfe* und *Unterordnung*, um diese Unterschiede zu umschreiben, die ein weiser Entwurf unseres souveränen Schöpfers für die Geschöpfe seines Ebenbilds sind.

Um die biblischen Aussagen über die Geschlechter korrekt wiederzugeben, müssen beide Tatsachen – Gleichwertigkeit und Rollenunterschiede – bestätigt und in einer ausgeglichenen Spannung gehalten werden. Wenn die Rollenunterschiede vernünftig verstanden und praktiziert werden, fördern sie Gott wohlgefälliges Mann- und Frausein und bereichern das Familien- und Gemeindeleben auf ganz erstaunliche Weise. Für Gott ist es ungemein wichtig, dass die Unterschiede der Geschlechter nicht bagatellisiert oder verwischt werden. Diese Verschiedenheiten stellen das Fundament unserer sexuellen Identität als Mann oder Frau dar und müssen deshalb besser verstanden und im Einklang mit der Schrift entwickelt werden.

Die Anhänger der komplementären Sicht glauben, dass dies am besten die klare, wortgetreue, ehrliche und offene Lehre der Bibel in Bezug auf die Geschlechter repräsentiert. Ferner werden Rollenunterschiede offensichtlich und wiederholt von Jesus Christus und seinen Aposteln gelehrt und praktiziert. Der komplementäre Standpunkt verteidigt die historische Auslegung, der die Gemeinden und christlichen Lehrer seit über 2000 Jahren gefolgt sind, auch wenn dies manchmal unvollkommen verstanden und ausgeführt wurde. Trotz Gottes Entwurf einer harmonischen Beziehung zwischen Mann und Frau wurde durch den Sündenfall der Menschheit, der in 1. Mose 3 erzählt wird, der Kampf der Geschlechter eröffnet. Sündige Männer und Frauen haben Gottes Plan für das Miteinander der Geschlechter verdreht, und das mit verheerenden Auswirkungen, insbesondere zu Lasten von Frauen. Trotz alledem können an Jesus Christus Gläubige, Männer wie Frauen, Gottes Entwurf für die Geschlechter wiederentdecken, verstehen und praktizieren.

EIN BEDEUTENDER VERTRETER DER KOMPLEMENTÄREN SICHTWEISE

Der komplementäre Ansatz wird von einer Organisation repräsentiert, *der Council for Biblical Manhood and Womanhood* (*CBMW*) (zu Deutsch: Versammlung für das biblische Verständnis von Männern und Frauen), die 1987 gegründet wurde. Ihr Standpunkt wird im sog. *Danvers Statement* erläutert. CBMW bringt auch das monatliche Magazin *Journal for Biblical Manhood and Womanhood* heraus. Weitere Informationen und Veröffentlichungen dieser Organisation können bestellt werden unter: CBMW, P.O. Box 7337, Libertyville, IL. 60048. Web site: www.cbmw.org

Evangelikal-feministischer Ansatz

Evangelikale Feministinnen lehren, dass Gott Männer und Frauen gleich schuf, um sein göttliches Ebenbild zu sein. Darüber hinaus schließen sie, dass wahre Gleichberechtigung erfordert, dass beiden Geschlechtern die gleichen Dienstmöglichkeiten offenstehen. Sie glauben, dass die Unterordnung der Frau in der Ehe und die Beschränkungen der Frau in christlichen Diensten nicht im Einklang mit dem echten Bild der biblischen Gleichberechtigung stehen. Sie denken, dass die ›Gleich – aber doch unterschiedlich‹-Doktrin der

Vertreter der komplementären Sichtweise ein Widerspruch in sich selber ist.

Laut der evangelikal-feministischen Sicht verspricht die wahre biblische Gleichberechtigung, dass sowohl Männer als auch Frauen als komplett gleichberechtigte Partner im Leben stehen. Das Konzept von gegenseitiger Unterordnung und Verantwortlichkeit bestimmt das Miteinander zwischen Männern und Frauen in Ehe und Gemeinde. Frauen und Männer haben die Freiheit, jede ihrer Gaben in der Gemeinde auszuüben. Männern ist nicht aufgrund ihres Geschlechts die Rolle des Leiters und Anführers vorbehalten. Die Frage, wer die Gemeinde leitet und lehrt, soll nach geistlicher Begabung und Fähigkeit geklärt werden, nicht aufgrund des Geschlechts. Diese Ansicht gibt zu, dass Männer und Frauen nicht identisch sind. Sexuelle und andere Unterschiede, die zwischen Männern und Frauen existieren, sollen genossen, aber nicht über alle Maßen betont werden. Das Geschlecht eines Menschen legt nicht seinen Status oder seine Rolle fest und begrenzt auch nicht seine geistlichen Begabungen und Dienstmöglichkeiten. Eine Frau, die von Gott zum Lehren und der Leitung der Gemeinde begabt ist, verdient es, die gleichen Chancen zu erhalten und ihre Begabungen einzusetzen.

Vertreter dieses Standpunktes erklären, dass die Aussagen der Bibel über das Konzept von Haupt und Unterordung von Generationen von Christen auf das Gröbste falsch ausgelegt worden sind. Sie glauben, dass die einfache, wörtliche und traditionelle Bibelauslegung der Schrift die biblische Lehre in Bezug auf die Gleichberechtigung der Geschlechter nicht richtig interpretiert. Als Ergebnis dessen sind Frauen diskriminiert worden und ihre Gaben und Dienste wurden vergeudet. Mehr noch, sie glauben, dass die männliche Herrschaft über die Frauen das Resultat des Sündenfalls ist, wie er in 1. Mose 3 geschildert wird. Von ihrem Standpunkt aus stellt das Werk Christi am Kreuz die ursprüngliche Gleichberechtigung der Geschlechter wieder her, die in 1. Mose 2 eingesetzt worden war, weil in Christus »nicht Mann und Frau« ist (Gal 3,28).

Ein bedeutender Vertreter der evangelikal-feministischen Sichtweise

Die Position der evangelikalen Feministinnen wird am besten von einer Organisation namens Christians for Biblical Equality (CBE) (zu Deutsch: Christen für biblische Gleichberechtigung) vertreten. Ihr Standpunkt wird in dem Manuskript *Men,*

Women & Biblical Equality erläutert. Weitere Informationen erhält man unter: CBE, 122 West Franklin Avenue, Suit 218, Minneapolis, MN, 55404, Web site: www.cbeinternational.org

Jesus Christus und die Frauenfeindlichkeit

Niemand, der die Menschen liebt, feinfühlig mit dem Wort Gottes umgeht und sich der unaussprechlichen Entmenschlichungen bewusst ist, unter denen Frauen gelitten haben (und auch heute noch leiden), würde es wagen, Frauen zu diskriminieren (siehe am Ende des Kapitels, »Der Krieg gegen die Frau«). Gegen eine Frau zu sündigen, bedeutet gegen Gott zu sündigen, in dessen Bild sie ja geschaffen wurde.

Warum würde ein intelligenter, nachdenkender, einfühlsamer, bibeltreuer Christ es dann wagen für die Rollentrennung zwischen Mann und Frau zu plädieren? Die Antwort ist ganz einfach: Jesus Christus lehrte, dass Männer und Frauen sowohl gleich als auch unterschiedlich sind. Obwohl er die Verschiedenheit der Geschlechter lehrte und lebte, behandelte Jesus Christus alle Frauen, denen er begegnete, mit Würde – sogar solche, die als Abschaum der Gesellschaft galten (Lk 7,36-50). Er übermittelte die Botschaft des Evangeliums mit Liebe und Mitgefühl. Als Ergebnis folgten auch Frauen ihm nach und erwiderten seine Liebe. Unbefangen näherten sie sich ihm.

Als bibelgläubige Christen würden wir niemals auf die Idee kommen, Jesus Christus der Sünde des Chauvinismus zu bezichtigen. Er ist absolut vollkommen; wir sind unvollkommen. Er ist der Mensch gewordene Gott, die Inkarnation der Wahrheit. Er ist die höchste Autorität in allen Fragen; er hat das letzte Wort. An dem Kreuz litt Jesus für die Sünden der Männer, die sie gegen Frauen begangen hatten, aber auch für die Sünden der Frauen gegen die Männer. Er ertrug diese Sünden mit seinem Fleisch. Somit sorgt das Evangelium für Vergebung und Heilung von den grausamen Ungerechtigkeiten, die Männer und Frauen sich schon gegenseitig angetan haben.

Dennoch hielt sich Jesus Christus an die bei den Rollen von Männern und Frauen gelebten Unterschiede, indem er die Führung der Gemeinde den Männern übertrug. In unserem Eifer, die scheußlichen Vergehen, die Frauen angetan wurden, wieder gutzumachen, müssen wir vorsichtig sein, nicht gegen die Wahrheiten des Wortes

Gottes und gegen seinen Entwurf der Rollen von Mann und Frau zu verstoßen. Wir dürfen nicht vergessen, dass Gott die männlichen und weiblichen Verschiedenheiten schuf, damit die Geschlechter sich auf wunderbare Art und Weise ergänzen und unterschiedliche Aufgaben in der Gesellschaft erfüllen. Seine Absichten bei diesen Unterschieden sind gut und fair.
Entgegen Gottes guten Absichten bei geschlechtsspezifischen Unterscheidungen hat die Sünde diese verdorben und als ein Mittel zur Diskriminierung und Missbrauch benutzt. Die einzige Antwort der säkularen Gesellschaft auf diese Diskriminierungen besteht darin, die völlige Gleichberechtigung auszurufen. Für viele in unserer Gesellschaft ist die Gleichberechtigung der Geschlechter eine unumstößliche Tatsache – z.B. wie die Gravitation. Jegliche Alternative zur völligen Gleichberechtigung ist für den modernen Menschen vollkommen unverständlich. Aber die Lehren Jesu Christi bieten doch eine Alternative: Gott schuf den Mann und die Frau gleichwertig, aber um unterschiedliche Aufgaben zu erfüllen. Für einen bibelgläubigen Christen entscheidet Jesus Christus über das Richtig und Falsch. Er definiert, was Diskriminierung ist und was ein gebührende Ordnung zwischen den Geschlechtern ist. Die Gesellschaft darf dies nicht für uns tun.
Jesus Christus hat die Lösung für die Rollen-Verwirrungen in unserer Welt. Die immer währenden Bosheiten gegenüber Frauen haben ihren Ursprung nicht in der Lehre oder im Leben Jesu. Sie sind das Resultat der Sünde im Herzen der Menschen und sind Teil des viel größeren Problems der menschlichen Grausamkeiten untereinander. Jesus sagt, dass böse Gedanken, Mord, Ehebruch und der Missbrauch von Frauen aus dem Herzen kommen (Mk 7,23).

Eine Bitte

Ich möchte, dass Leser, die sich noch keine eigene Meinung über die Position der Bibel in dieser Frage gebildet haben, eines wissen: Die Vertreter der komplementären Sicht wünschen sich, dass alle Frauen gerecht und mit Würde behandelt werden. Wir verabscheuen die männlich chauvinistische Überlegenheit und den Missbrauch von Frauen. Wir sind uns dessen bewusst, dass manche christliche Theologen, Ehemänner und Gemeinden die Bibel missbraucht haben, um erniedrigende Dinge zu behaupten und um Verbrechen an

Frauen begehen zu können. Wir schämen uns dafür. Aber, wie Sie durch dieses Buch erkennen werden, fügt *christusähnliche Liebe* den Rollenunterschieden eine göttliche und für beide Seiten vorteilhafte Note hinzu.

Ich hoffe, dass Sie erkennen werden, dass, obwohl sündige Männer und Frauen diese Lehre von Leitung und Unterordnung missverstanden und missbraucht haben, die Lehre selber ihren Ursprung in Gottes Weisheit und Liebe findet. Wenn sie in Liebe angewandt wird, spiegelt sie Gottes Plan für die Geschlechter wider. Wir als Verfechter des komplementären Standpunkts, haben diese Position nicht gewählt, weil wir an archaischen, gesetzlichen Traditionen oder an der männlichen Überlegenheit festhalten wollen, sondern weil wir glauben, dass Jesus Christus sowohl die Gleichwertigkeit der Geschlechter gelehrt hat als auch die geschlechtsspezifischen Rollenunterschiede.

Menschliche Traditionen können die Gedanken der besten Leute vernebeln. Jesus Christus selbst wurde durch religiöse Leute umgebracht, die von Menschen geschaffene, gesetzliche Traditionen über Gottes Wort stellten. Für Anhänger der komplementären Sichtweise ist das Geschlecht eine Frage von »so spricht der Herr«. Wir glauben an die Rollenunterschiede, weil die Bibel sie lehrt und die Bibel Gottes Wort ist.

Der Krieg gegen die Frauen

Obwohl in vielen Ländern die Frauen einen enormen Fortschritt getan haben, »führt der Großteil der Welt immer noch einen Krieg gegen Frauen«.[7] Die jährliche Menschenrechtskommission der UNO erklärte im Jahre 1993, dass gegen Frauen eine weltweite Seuche von Gewalt herrsche.[8] Oder wie der Generalsekretär der Vereinten Nationen, Kofi Annan, auf einer Generalversammlung sagte: »Gewalt gegen Frauen wurde zur meist verbreitetsten Verletzung der Menschenrechte, ungeachtet von Land, Kultur oder Besitz.«[9]

Laut eines Berichtes der UN über die Enwicklung der Menschen aus dem Jahre 1993 »behandelt kein Land der Erde seine Frauen so, wie es seine Männer behandelt«.[10] Frauen der ganzen Welt leiden ein größeres Maß der Armut als Männer. Zwei Drittel aller Analphabeten sind Frauen.[11] In vielen Teilen der Welt werden Frauen die grundsätzlichen Menschenrechte verwehrt. Sie werden zu niederer Arbeit gezwungen, unterbezahlt, sind überarbeitet und werden diskriminiert. Sogar in modernen, entwickelten Bevölkerungen wird nach einer Scheidung die Frau mit der Hauptverantwortung für die Sorge der Kinder allein gelassen und somit in eine finanziell engere Lage als ihr Ex-Mann gedrängt.

Sexuelle Übergriffe gegen junge Mädchen, Vergewaltigungen und Schläge gegen Ehefrauen nehmen weltweit zu und werden in den meisten Fällen nicht einmal gemeldet.[12] Auf den Philippinen, in Thailand und Indien schreitet die erzwungene Kinderprostitution nahezu unbehelligt voran; der internationale Mädchenhandel wächst. In Indien (besonders Nord-Indien) werden nach wie vor Ehefrauen verbrannt, und mehr als 9000 junge Ehefrauen werden jedes Jahr von ihren Ehemännern oder Schwiegereltern wegen einer weiteren Mitgift umgebracht.[13] In Teilen Afrikas werden die Genitalien junger Mädchen verstümmelt (Mädchen-Beschneidungen), damit unter anderem später der Genuss beim Geschlechtsverkehr gezügelt ist. Darüber hinaus wird durch die weltweite Verbreitung von Hard-Core Pornographie bei den Männern ein Bild erschaffen, welches eine Frau zum reinen Sex-Objekt erniedrigt und somit alle Frauen herabwürdigt.

In Afghanistan übersteigt die Unterdrückung der Frauen unsere Vorstellungskraft. Frauen wird die medizinische Grundversorgung und jegliche Bildung verwehrt. Ohne einen männlichen Familienangehörigen dürfen sie noch nicht einmal in die Öffentlichkeit gehen und müssen zudem von Kopf bis Fuß verhüllt sein. Militante Moslems drohen jede Frau umzubringen, die gegen die Ungerechtigkeiten frei herausspricht. Die Situation dort ist so extrem, dass man von einer »Apartheid der Geschlechter« spricht.

Jedenfalls ist die schlimmste Form der Gewalt und Missachtung wohl die Tötung von weiblichen Neugeborenen und die Abtreibung weiblicher Föten. Durch die moderne Technologie vermögen Eltern in Dritte-Welt-Ländern, wie China und Indien, das Geschlecht ihrer ungeborenen Kinder vor der Geburt festzustellen und können somit ungewollte Mädchen rechtzeitig abtreiben lassen. In diesen Ländern sind durch diese Auswahl die Männer in der Überzahl, was andererseits natürlich einen ernst zu nehmenden Mangel an Ehefrauen hervorgerufen hat. Es wird geschätzt, dass wegen der hohen Sterberate bei Neugeborenen und Wöchnerinnen und wegen mangelnder Ernährung und medizinischer Versorgung in Süd- und Ostasien »etwa 100 Millionen Frauen ›fehlen‹«.[14] Solche Statistiken sollten uns die Tränen in die Augen treiben. Oder mit den Worten der Zeitschrift *Time*: »Es gibt nur herzlich wenige frauenfreundliche Fleckchen auf der Erde.«[15] Egal, ob wir die egalitäre oder komplementäre Sicht vertreten, wir sind uns einig, dass wir alles in unserer Macht Stehende tun sollten, damit diese schrecklichen Ungerechtigkeiten gegenüber Frauen ausgemerzt werden.

Fragen

1. Warum ist es für einen bibelgläubigen Christen von größter Wichtigkeit, die Kontroverse um die Rollenverteilung gründlich zu verstehen? Inwiefern betrifft diese Streitfrage Sie persönlich?
2. Wo suchen Sie zuerst nach Antworten zu dieser Frage? Warum?
3. Was ist männlicher Chauvinismus? Benutzen Sie ein Wörterbuch, um diese Frage zu beantworten.
4. Was bedeutet das Wort ›egalitär‹? Benutzen Sie ein Wörterbuch, um diese Frage zu beantworten.
5. Fassen Sie in ein bis zwei Sätzen kurz den komplementären Standpunkt zusammen.
6. Fassen Sie in ein bis zwei Sätzen kurz den evangelikal-feministischen Standpunkt zusammen.
7. Warum ist der evangelikal-feministische Standpunkt heutzutage unter bibelgläubigen Christen so beliebt? Worin liegt sein Reiz?
8. Diskriminieren Anhänger des komplementären Standpunktes Frauen, weil sie an die Existenz von Rollenunterschieden bei Männern und Frauen glauben? Falls nein, warum nicht?
9. Auf welche Art und Weise hat der Abschnitt »Der Krieg gegen die Frauen« Ihr Denken in Bezug auf die Debatte um die Geschlechter beeinflusst?
10. Was haben Sie durch diese beiden Abschnitte des Buches gelernt? Inwiefern beeinflussen diese Informationen Ihr Denken und Handeln?

I. Jesus Christus beruft sich auf die Schöpfungsgeschichte

»Lassen Sie uns loslegen«, sagte Tom.
»Sehr gerne!«, entgegnete ich.
»Wo fangen wir an?«, fragte er.
»Da, wo auch Jesus anfing.«
»Jesus Christus?«
»Ja, Jesus sagte in Johannes 13,13: ›Ihr nennt mich Lehrer und Herr, und ihr sagt recht, denn ich bin es.‹ Wir orientieren uns an Jesus Christus, weil er unser Herr und Lehrer ist. Er gibt den Kurs für unsere gemeinsamen Nachforschungen vor und zeigt uns, wo wir anfangen sollen.«
»Und wo genau soll das sein?«
»Im Alten Testament. Jesus richtet unser Augenmerk auf den Ursprung, den Schöpfungsbericht im ersten Buch Mose, Kapitel 1 und 2, und deshalb starten wir mit unserer Recherche genau da.«
»Woher wissen wir eigentlich, dass auch Jesus da anfing?«, fragte Tom.
»Als Jesus von einer Abordnung der Pharisäer über den umstrittenen Punkt der Ehescheidung ausgefragt wurde, verwies er seine Kritiker auf 1. Mose 1 und 2. Für ihn waren 1. Mose 1,27 und 2,24 zuverlässige Quellen, um auf die Wahrheit aufmerksam zu machen. Aber lass uns ruhig mal die Begebenheit in Matthäus 19,3-5 lesen.«

19,3 Und Pharisäer kamen zu ihm, versuchten ihn und sprachen: Ist es einem Mann erlaubt, aus jeder belieben Ursache seine Frau zu entlassen?

19,4 Er aber antwortete und sprach: Habt ihr nicht gelesen, dass der, welcher sie schuf, sie von Anfang an als Mann und Frau schuf

19,5 und sprach: »Darum wird ein Mann Vater und Mutter verlassen und seiner Frau anhängen, und es werden die zwei ein Fleisch sein.«

Auf die frauenfeindliche Praxis der Ehescheidung antwortete Jesus:

»von Anfang an aber ist es nicht so gewesen« (Mt 19,8). Die Pharisäer hatten die eigentliche Absicht Gottes bezüglich der Ehe und der Geschlechter nicht verstanden. Darum riet Jesus ihnen, zurück zum ›Anfang‹ zu gehen, zurück zur Schöpfungsgeschichte im ersten Buch Mose, zurück zum Wort Gottes, um dort Gottes maßgebenden Plan der Ehe zu entdecken.
Das gleiche gilt auch heute für uns. Wenn wir den Willen Gottes für Männer und Frauen erkennen wollen, müssen wir dem Beispiel Jesu folgen. Als Jesus und zwei seiner bekanntesten Repräsentanten, Petrus und Paulus, den ursprünglichen Entwurf für die Ehe und die Geschlechter den Menschen wieder ins Bewusstsein bringen wollten, benutzten sie das erste Buch Mose, Genesis, das ›Buch der Anfänge‹. Stephen B. Clark gab diesen sehr wichtigen Punkt in seinem gewaltigen Buch *Man and Women in Christ* (»Männer und Frauen in Christus«) folgendermaßen wieder:

> Andere neutestamentliche Schreiber, allen voran Paulus, folgten dem Beispiel Jesu. Die meisten der Schlüsselstellen über das Rollenverhalten von Männern und Frauen im Neuen Testament beziehen sich ausdrücklich oder zumindest indirekt auf die ersten drei Kapitel des ersten Buches Moses ... Es ist unmöglich, die Lehren des Neuen Testaments bezüglich Männer und Frauen zu verstehen, ohne sich darüber im Klaren zu sein, wie eigentlich der Plan Gottes mit der Menschheit aussieht, den er ja schon mit der Erschaffung Adams und Evas offenlegte.[16]

Weil sowohl Jesus Christus als auch Petrus und Paulus die Wahrhaftigkeit des Schöpfungsberichtes bestätigten und ihre Aussagen über die Geschlechter darauf basierten, werden wir uns kurz drei wesentliche Grundlagen anschauen: 1. Mose 1,26-28; 2,7-25; 3,1-19.

A. 1. Mose 1: In Gottes Ebenbild geschaffen

In der Geschichte des Altertums hebt sich der Genesisbericht mit der Erschaffung von Mann und Frau durch seine Einzigartigkeit deutlich hervor, denn er wird nicht durch die heidnische Vielgötterei des antiken Nahen Ostens verfärbt. Dem Schöpfungsbericht zufolge gibt es nur einen alleinigen Gott, der alles durch sein bloßes Wort schuf. Mann und Frau wurden von ihm einzigartig erschaffen; ihre Aufgabe bestand darin, ein Ebenbild Gottes darzustellen und ihn auf der Erde zu vertreten. Moses' Darstellung der Gleichwertigkeit der Geschlechter war zur damaligen Zeit radikal: Frauen waren, gleich dem Mann, ein Ebenbild Gottes. Der erste Mann schätzte und liebte die erste Frau über alles. Sie war weder sein Eigentum noch seine Sklavin. Auch wenn Sie diese Verse schon gut kennen, so sollten Sie doch nicht über diese ungeheuer grundlegenden Stellen der Schrift, die zudem noch eine immense theologische Bedeutung haben, hinweglesen. Lesen Sie darum die folgenden Auszüge aus dem ersten Buch Mose gründlich.

1,26 Und Gott sprach: Lasst uns Menschen (Hebräisch: ›adam‹, d.h. *Mann* im Sinne von Menschheit, Rasse) machen in unserem Bild, uns ähnlich! Sie sollen herrschen … über die ganze Erde.

1,27 Und Gott schuf den Menschen nach seinem Bild, nach dem Bild Gottes schuf er ihn; als Mann und Frau schuf er sie.

1,28 Und Gott segnete sie, und Gott sprach zu ihnen: Seid fruchtbar und vermehrt euch, und füllt die Erde, und macht sie euch untertan; und herrscht … über alle Tiere, die sich auf der Erde regen!

Achten Sie auf die folgenden Bemerkungen:

Gott schuf sowohl männliche als auch weibliche Lebewesen

Gott schuf zwei geschlechtsspezifische Menschen, Mann und Frau. Er entwarf die Sexualität und nannte sie gut. Dabei hätte Gott nicht ein jeweils männliches und weibliches Lebewesen schaffen müssen. Er hätte ja auch ein sich selbst reproduzierendes weibliches Wesen entwerfen können. Er musste nicht unbedingt den Mann erschaffen. Aber Gott hatte eine eindeutige Absicht bei der Erschaffung von zwei sexuell verschiedenartigen Lebewesen. Ein Grund war, dass er seinem Volk die geistliche Wahrheit über seine Beziehung zu ihnen veranschaulichen wollte, wie z.B. wenn zwei Menschen durch die Heirat ein Fleisch werden (s. Eph 5,29-32).

Gott schuf sowohl den Mann als auch die Frau nach seinem Ebenbild

Gott drückte den Stempel seiner göttlichen Persönlichkeit sowohl dem Mann als auch der Frau auf. Beide Geschlechter tragen das Ebenbild des einen wahren Gottes. Ihre Gesichter spiegeln die gleiche Gesinnung, Würde und Ewigkeit wider. Sie sind nicht wie die Tiere, über die sie herrschen sollen.
Die Tatsache, dass beide Geschlechter für sich das Abbild Gottes sind, zeigt, dass beide in Wert und Wesen gleich sind. Beide sind von großer Bedeutung für Gottes Entwurf der Menschheit.

Gott gebot dem Mann und der Frau, sich zu vermehren und über die Erde zu herrschen

Gott krönte den Mann und die Frau zu König und Königin der Erde. Er gebot ihnen, sich zu vermehren und über die Erde zu herrschen. Diese Vollmacht beruht darauf, dass beide das göttliche Ebenbild waren; somit durften sie über die Erde herrschen und Kinder bekommen, die wiederum das gleiche göttliche Bild widerspiegelten. Im Allgemeinen sagt man: »Dies ist der Planet des Menschen«, aber Gott spricht von seiner Welt. Mit der Absicht, dass die Menschen über die Erde herrschen und sie bevölkern sollten, schuf er sowohl den Mann als auch die Frau.

Gott nennt ihn »Mensch«

In Vers 26 ist zu lesen: »Lasst uns Menschen machen in unserem Bild.« *[Anmerkung des Übersetzers: In der englischen Bibelübersetzung wird statt ›Mensch‹ das Wort ›man‹ gebraucht, welches sowohl mit Mann als aber auch, wie bei uns im Deutschen, mit Mensch oder menschlicher Rasse wiedergegeben werden kann.]* Hier wird das Wort ›*Mensch*‹ im generellen Sinn verwandt.[17] Das bezieht sowohl Männer als auch Frauen als Gattung mit ein, sprich, als menschliche Wesen.
Erwähnenswert ist, dass Gott den Namen eines der Geschlechter wählte [›man‹], um die ganze Rasse zu bezeichnen. In 1. Mose 5,1 kommt das noch klarer zum Ausdruck: »Dies ist das Buch der Geschlechterfolge Adams (Hebräisch: ›*adam*‹). An dem Tag, als Gott

Adam schuf, machte er ihn Gott ähnlich. Als Mann und Frau schuf er sie, und er segnete sie *und gab ihnen den Namen Mensch* (›*adam*‹), an dem Tag, als sie geschaffen wurden« (Hervorhebungen hinzugefügt). Gott benutzte nicht den Gattungsnamen ›*Frau*‹, um die menschliche Rasse zu umschreiben. Er sagte nicht, »lasst uns Frau machen in unserem Bild«. Auch sagte er nicht, »lasst uns Sterbliche machen in unserem Bild«. Er sagte »Menschen«.
Raymond Ortlund Jr., einer der Verfasser des Klassikers *Recovering Biblical Manhood and Womanhood* («Die Wiederentdeckung biblischer Männlich- und Weiblichkeit«) beobachtet: »Als der Name ›Mensch‹ von Gott für diese Rasse gewählt wurde, wurde der Schatten der männlichen Leiterschaft schon vorausgeworfen, was sich dann auch im zweiten Kapitel klar bestätigte.«[18]

B. 1. Mose 2: Gleich und unterschiedlich geschaffen

Wir kommen nun zum zweiten Kapitel von Genesis, welches von immenser Wichtigkeit für unser Bibelstudium ist – vergleichbar mit einem Schlachtfeld. *Ohne die Bedeutung dieses Kapitels zu verstehen, kann man die Diskussion um die Geschlechterordnung unter bibelgläubigen Christen kaum nachvollziehen*. Es ist die Grundlage für alle späteren biblischen Aussagen über die Geschlechter. Zudem haben Jesus Christus und seine Apostel dieses Kapitel zumeist im Hinterkopf, wenn es um Fragen zur Ehe oder zu den Geschlechtern geht. Der Ausleger des Alten Testaments Derek Kidner drückt den entscheidenden Wert der Verse 18-25 sehr gelungen aus:
»Das Neue Testament zieht viele seiner Lehren über die Geschlechter aus diesem krönenden Abschnitt des Kapitels, welches ein dynamisches und dramatisches Gegenstück zu 1. Mose 1,27-28 ist.«[19]
Kapitel 2 ist eine Vorbereitung für den späteren Stoff des Neuen Testaments. Lesen Sie also dieses Kapitel, denken Sie eingehend darüber nach und meistern Sie es – ganz besonders die folgenden Verse:

> 2,7 da bildete Gott, der HERR, den Menschen (*ha'adam,* das männliche Wesen, Adam), aus Staub vom Erdboden und hauchte in seine Nase Atem des Lebens; so wurde der Mensch eine lebende Seele.

2,15 Und Gott, der HERR, nahm den Menschen und setzte ihn in den Garten Eden, ihn zu bebauen und ihn zu bewahren.
2,16 Und Gott, der HERR, gebot dem Menschen und sprach: Von jedem Baum des Gartens darfst du essen;
2,18 Und Gott, der Herr, sprach: Es ist nicht gut, dass der Mensch allein sei; ich will ihm eine Hilfe machen, die ihm entspricht.
2,19 Und Gott, der HERR, bildete aus dem Erdboden alle Tiere des Feldes und alle Vögel des Himmels, und er brachte sie zum Menschen, um zu sehen, wie er sie nennen würde; und genau so wie der Mensch sie, die lebenden Wesen, nennen würde, so sollte ihr Name sein.
2,21 Da ließ der HERR einen tiefen Schlaf auf den Menschen fallen, so dass er einschlief. Und er nahm eine von seinen Rippen und verschloss ihre Stelle mit Fleisch;
2,22 und Gott, der HERR, baute die Rippe, die er von dem Menschen genommen hatte, zu einer Frau, und er brachte sie zum Menschen.
2,23 Da sagte der Mensch: Diese endlich ist Gebein von meinem Gebein und Fleisch von meinem Fleisch; diese soll Männin heißen, denn vom Mann ist sie genommen.
2,24 Darum wird ein Mann seinen Vater und seine Mutter verlassen und seiner Frau anhängen, und sie werden zu einem Fleisch werden.

Schwarz auf weiß, sind diese Verse für jeden modernen und auch religiösen Menschen ein glatter Skandal. Liberale Feministinnen (und damit meine ich sowohl die religiösen als auch die weltlichen) verwerfen das 2. Kapitel als uralten Mythos. Für eine Frau des 21ten Jahrhunderts sei eine solch hoffnungslose Männerherrschaft absolut irrelevant.

Bibelgläubige Feministinnen hingegen (Anhänger der egalitären Sichtweise) nehmen dieses Kapitel als inspiriertes Wort Gottes an. Sie behaupten jedoch, dass in diesem Abschnitt allein die Gleichrangigkeit der Geschlechter gelehrt werde und lehnen entschieden ab, dieses Kapitel als Grundlage für eine Lehre zu akzeptieren, die das Zusammenspiel von Leiterschaft und Unterordnung bei Männern und Frauen vermittelt.

KAPITEL 2 AUS EGALITÄRER SICHT

Mary Stewart Van Leeuwen, Psychologie-Professorin am Eastern College und eine führende Vertreterin der evangelikal-feministischen Position, behauptet kühn: » Es gibt auch keinerlei Anzeichen, dass der Mann die Führung in diesem Vorhaben (Herrschaft über die Erde) übernehmen sollte.«[20]

Rebecca Groothuis, eine Sprecherin der evangelikalen Feministinnen, fügt dem hinzu: »Der Schöpfungsbericht *kann nicht als Rechtfertigung herangezogen werden,* dass die männliche Autoriät und die weibliche Unterordnung schon vor dem Sündenfall eingesetzt wurde. Eine Geschlechtsordnung *kann man aus dem Genesistext nicht ersehen*, es sei denn, sie wird hineininterpretiert« (Hervorhebungen hinzugefügt).[21]

Gilbert Bilezikian, ehemaliger Professor für biblische Studien und ein Gründungsmitglied der Willow Creek Gemeinde, schreibt: »Eine Lehre, die ein Autoritätsgefüge zwischen Adam und Eva als Plan Gottes vorsieht [1 Mo 1-2], muss entschieden zurückgewiesen werden, da sie nicht auf den biblischen Text zurückzuführen ist.«[22]

Im 2. Kapitel werden jedoch sechs wesentliche Wahrheiten dargestellt, die für unser Verständnis von der neutestamentlichen Lehre über die Geschlechter unverzichtbar sind. Die folgenden Wahrheiten werden uns auf weitere Nachforschungen vorbereiten.

Gott machte Adam zum Mittelpunkt

Der Professor für Theologie am Cincinnati Bibel Seminar, Jack Cottrell, meinte treffend: »Das ganze Geschehen und alle Ereignisse drehen sich um den Mann … er steht im Rampenlicht. Alles andere, einschließlich die Frau, nimmt eine unterstützende Stellung ein.«[23] Cottrell fährt fort:

> Der Name – der Gattungsname – wird dem Mann gegeben, und nicht der Frau. In dem Bericht spricht Gott zum Mann (2,16); er ist der erste, der die göttliche Unterweisung und Offenbarung bekommt. Der Mann benennt die Tiere, nicht die Frau (2,19-20). Die Frau wird aus dem Mann geschaffen, und nicht der Mann aus der Frau (2,22). Außerdem wird die Frau für den Mann ge-

macht und zu ihm gebracht, nicht umgekehrt (2,18.22). Später ergreift der Mann das Wort und kommentiert die Erschaffung der Frau aus theologischer Sicht, nicht umgekehrt (2,23). Der Mann gibt der Frau ihren Namen, nicht umgekehrt (2,23).
Wenn man diese Schilderung des 2. Kapitels aus allen möglichen Blickwinkeln betrachtet, erkennt man, dass Gott den Mann schuf und auf jede erdenkliche Weise für sein Wohlergehen Sorge trug ... Die anderen Vorgänge in diesem Abschnitt sind alle mit dem Leben, dem Charakter und den Bedürfnissen des Mannes verbunden, einschließlich der Erschaffung der Frau. Anders kann man dieses Kapitel einfach nicht auslegen.[24]

Gott schuf zuerst Adam

Gott schuf den Mann vor der Frau. Bevor Eva geformt wurde, setzte Gott den Mann in den Garten, ihn zu bebauen (2,15). Bevor Eva geformt wurde, brachte Gott die Tiere zu Adam, damit er ihnen Namen gab (2,19). Bevor Eva geformt wurde, befahl Gott Adam, nicht vom Baum des Guten und Bösen zu essen, dass er nicht sterbe (2,16.17; höchstwahrscheinlich erzählte Adam seiner Frau von dem Gebot Gottes, nicht von dem verbotenen Baum zu essen).
Adam war Herr über die Erde. In ihm wurde die menschliche Rasse begründet, er war der erste Mensch. Er repräsentierte und personifizierte die Menschheit.
Es ist kein Zufall, dass der Mann die Priorität der Schöpfung war. Die frühere Erschaffung Adams hat grundlegende Bedeutung. Und weil das Neue Testament eine göttlich inspirierte Auslegung von 1. Mose 2 anbietet, müssen wir nicht lange herumrätseln. Ein Prinzip der Bibelauslegung ist, dass der beste Kommentar zur Bibel die Bibel selbst ist. Die Schrift erklärt die Schrift. Denn derselbe Gott, der die Worte der Schöpfung sprach, hauchte auch Paulus deren wahre Bedeutung ein. Durch den Heiligen Geist inspiriert, legte Paulus diese Stelle folgendermaßen aus: »Ich erlaube aber einer Frau nicht zu lehren, auch nicht über den Mann zu herrschen, sondern ich will, dass sie sich in der Stille halte, *denn Adam wurde zuerst gebildet*« (1Tim 2,12.13*a*; Hervorhebungen hinzugefügt).
Man sieht, weshalb das Neue Testament lehrt, dass der Mann der primäre Führer und Lehrer der Familie Gottes sein soll: weil Adam

als Erster geschaffen wurde. Laut Altem und Neuem Testament ist die Führung des Volkes Gottes hauptsächlich die Aufgabe des Mannes.
Die Weltgeschichte lässt die gleichen Fakten sprechen, denn seit der Geburt der Zivilisation standen überwiegend Männer, und nicht Frauen, an der Macht.[25] Zufall? Oder Absicht? Und warum streben meistens die Frauen nach Befreiung, und nicht umgekehrt?
Die Antwort finden wir in 1. Mose 2: schon im Anfang formte der Schöpfer den menschlichen Lehmkörper, um ein Patriarchat zu bilden. Kein Matriarchat, und auch kein egalitäres Gefüge. Adam war der erste der Patriarchen.[26]

Gott schuf die Frau aus dem Mann

Die von Gott geschaffenen Unterschiede zwischen Männern und Frauen sind erstaunlich. Gott schuf den Mann aus dem Staub der Erde und hauchte ihm Leben ein (V. 7); Gott schuf die Frau aus der Seite des Mannes. Sie wurde aus Adams Rippe geformt (V. 21). Die Abstammung der Frau vom Mann zeigt nicht nur, dass sie biologisch kompatibel sind, sondern auch, dass sie unterschiedliche Rollen erfüllen sollen. Woher wir das wissen? Nun, weil die Bibel es sagt.
Die Abstammung der Frau vom Mann rechtfertigt laut dem Neuen Testament auch die Rollenunterschiede von gläubigen Männern und Frauen. In 1. Korinther 11,8 zitiert Paulus aus 1. Mose 2,22: »Denn der Mann ist nicht von der Frau, sondern die Frau vom Mann.« Worauf er damit hinaus will, ist, dass der Mann »Gottes Bild und Ehre ist; die Frau aber ist die Ehre des Mannes« (rev. Schlachter 2000), und »das Haupt der Frau aber der Mann« (1Kor 11,7.3). Die Lehre von Leitung und Unterordnung basiert auf dem Genesisbericht. Die Rollenunterschiede, auf denen Paulus in seinen Briefen beharrt, wurzeln ebenso dort.

Gott schuf die Frau für den Mann

Falls schon die vorherigen drei Punkte Ihr heutiges Verständnis von Gleichberechtigung gestört haben, wird dieser nächste Punkt für Sie absolut inakzeptal sein. In Vers 18 lesen wir: »Und Gott, der HERR, sprach: Es ist nicht gut, dass der Mensch allein sei; ich will

ihm eine Hilfe machen, die ihm entspricht.« Das Singledasein von Adam war in Gottes Augen nicht gut. Also korrigierte er den Zustand. Eigenhändig schuf er eine »Hilfe, die ihm entspricht«. Eva war nicht ein zweites männliches Wesen; sie war nicht Adams Klon oder ein Zwilling. Sie war ihm ähnlich, aber doch anders.
Sie hatte eine eigene Biologie, Physiologie und Psychologie. Sie war geschaffen, um den Mann zu ergänzen, ihn bei der Bevölkerung und Kultivierung der Erde zu unterstützen und um ihm ein liebevoller Begleiter und Partner zu sein. Die erste Aussage der Bibel über die Rolle und Aufgabe der Frau lautete, sie soll dem Mann eine Hilfe sein.

DIE HILFE DES MANNES

Das Substantiv »Hilfe« (Hebräisch ›*ezer*‹) aus 1. Mose 2,18 bedeutet »Gehilfe«, »Unterstützung«. Es ist *das Schlüsselwort um die Aufgabe der Frau zu umschreiben*. Es ist kein erniedrigender Ausdruck. Gott selber wird oft die »Hilfe« seines Volkes genannt (Ps 121). Eine Hilfe zu sein bedeutet, dass die Frau die notwendige Fähigkeit, Kondition, Mittel und Kraft dazu mitbringt (s. Spr 31,10-31).
Die Frau musste um des Mannes willen geschaffen werden, nicht andersherum (1Kor 11,9). Eva wurde *aus* Adams Rippe erschaffen (Ursprung) und *für* ihn (Ziel). Oder wie uns ein Theologe erinnert: »Die Aufgabe des Mannes ist nicht die Frau, aber die Aufgabe der Frau ist der Mann.«[27] Wozu Gott einen Christen beruft, ob männlich oder weiblich, ist immer gerecht, gut, heilig und wünschenswert. Er ist der Schöpfer, und wir sind der Ton. Von ihm wurde das Miteinander von Leitung und Unterordnung zwischen Männern und Frauen eingesetzt.
Der Hebräische Ausdruck »ihm entsprechend« (*kenegdô*) bedeutet »ihm gleich«, »zu ihm passend«, »Gegenstück«. Folglich: Ihr Wesen passt zu seinem. Das ist die Gleichheit. Eva ist nicht wie eines der Tiere, denen Adam in Vers 19 Namen gibt. Und auch sie ist das Ebenbild Gottes.

In 1. Korinther 11,19 liest man die Auslegung von 1. Mose 2,18: »denn der Mann wurde auch nicht um der Frau willen geschaffen, sondern die Frau um des Mannes willen.« Wieder einmal gebraucht Paulus die Mosestelle, um die unterschiedlichen Aufgaben der Geschlechter zu belegen. Die Tatsache, dass die Frau um des Mannes willen geschaffen wurde, beweist, dass der Mann »Gottes Bild und Ehre ist; die Frau aber ist die Ehre des Mannes« (rev. Schlachter 2000) und demonstriert ebenso, dass »das Haupt der Frau der Mann« ist (1Kor 11,7.3).

Gott berechtigte den Mann, seiner Frau einen Namen zu geben

Adam gab seiner neuen Begleiterin ihren Namen vor dem Sündenfall. Als Adam sie sah, sagte er: »Diese soll Männin heißen« (1Mo 2,23). Dies ist der Name der Gattung, und kein Vorname. Nach dem Sündenfall nannte Adam seine Frau »Eva« (1Mo 3,20).

Jemand, der einem anderen einen Namen gibt, hat normalerweise auch das Recht und die Autorität dazu (1Mo 1,5.8.10; 2,19.20). Eltern haben zum Beispiel das Recht, ihren Kindern einen Namen zu geben. Die Tatsache, dass Adam seine Frau benannte, untermauert seine besondere Führungsposition in der Beziehung dieses Paares.

Gott schuf den Mann und die Frau auf der gleichen biologischen Grundlage

Gott modellierte den Partner für Adam aus dessen Rippe. Das zeigt ihre biologische Verwandtschaft. Der Mann erkannte sofort, dass die Frau von seiner Art war. Deshalb sagte er »Gebein von meinem Gebein, und Fleisch von meinem Fleisch« (V. 23). Sie war kein niederes Geschöpf, wie die anderen Tiere, mit deren Benennung er so beschäftigt gewesen war (2,19.20). Sie entstammte aus seiner Seite, teilte seine Biologie und war folglich wie er ein Ebenbild Gottes.

C. 1. Mose 3: Der Sündenfall und der Geschlechterkampf

Im dritten Kapitel sündigen der Mann und die Frau gegen Gott. Sie verstoßen gegen Gottes Gebot und essen vom »Baum der Erkenntnis des Guten und Bösen«. Ihr Ungehorsam und das darauf folgende Gericht werden Sündenfall genannt. 1. Mose 3 »erklärt, warum Männer und Frauen ihr Leben lang mit Mühe, Qualen und Problemen zu kämpfen haben und warum sie sterben müssen. Die Sünde hat dieses Dilemma hervorgebracht. Und es wird nur ein Ende nehmen, wenn die Sünde beseitigt wird.«[28] Alle Beteiligten im Streit um die Geschlechter sind sich jedenfalls in einem Punkt einig: der Sündenfall hat die Beziehung von Mann und Frau zum Schlechten gewendet. Lassen Sie uns dieses Ereignis einmal nachlesen.

3,1 Und die Schlange war listiger als alle Tiere des Feldes, die Gott, der HERR, gemacht hatte; und sie sprach zu der Frau: Hat Gott wirklich gesagt: Von allen Bäumen des Gartens dürft ihr nicht essen?

3,6 Und die Frau sah, dass der Baum gut zur Speise und dass er eine Lust für die Augen und dass der Baum begehrenswert war, Einsicht zu geben; und sie nahm von seiner Frucht und aß, und sie gab auch ihrem Mann bei ihr, und er aß.

3,9 Und Gott, der HERR, rief den Menschen und sprach zu ihm: Wo bist du?

3,16 Zu der Frau sprach er: Ich werde sehr vermehren die Mühsal deiner Schwangerschaft, mit Schmerzen sollst du Kinder gebären! Nach deinem Mann wird dein Verlangen sein, er aber wird über dich herrschen!

3,17 Und zu Adam sprach er: Weil du auf die Stimme deiner Frau gehört und gegessen hast von dem Baum, von dem ich dir geboten habe: Du sollst davon nicht essen! – so sei der Erdboden verflucht um deinetwillen: Mit Mühsal sollst du davon essen alle Tage deines Lebens;

3,19 Im Schweiße deines Angesichtes wirst du dein Brot essen, bis du zurückkehrst zum Erdboden, denn vom ihm bist du genommen. Denn Staub bist du, und zum Staub wirst du zurückkehren!

Evangelikale Feministinnen bestehen darauf, dass das Konzept von Leitung und Unterordnung das erste Mal in 1. Mose 3 vorgestellt wird. In 1. Mose 2 lese man von der absoluten Gleichheit der Geschlechter, aber nichts von Leitung und Unterordnung. Eine führende Sprecherin dieser Feministinnen bemerkte: »Dass die Frauen den Männern untergeordnet sind, ist nur die Folge des Sündenfalls (1Mo 3,16ff). In dem Genesisbericht sieht man nicht die kleinste Andeutung irgendeiner Art von weiblicher Unterordnung vor dem Sündenfall.«[29]

Vertreter der komplementären Sicht sind da anderer Meinung. Wie ich schon erläuterte, bestehen sie darauf, dass dieses Konzept schon im 2. Kapitel eingeführt wurde. Der Sündenfall im 3. Kapitel korrumpierte die männliche Leiterschaft, anstatt sie einzuführen. Wir werden uns nun drei Aussagen dieses Kapitels anschauen.

Die Verführung Evas

Es war kein Zufall, dass Satan sich zuerst an die Frau und nicht an den Mann richtete. Wie jeder Meister der Täuschung suchte auch er sich den leichtesten Weg für seine Lügen. Da ihm Gottes Schöpfungsordnung für die Geschlechter bekannt war, überlegte er sich, dass wohl die Frau die Empfänglichere der beiden für seine schleichende Irreführung sein würde. Er hatte Recht.

In Vers 13 gibt die Frau Gott gegenüber offen zu, dass Satan sie getäuscht habe. Also attackierte Satan zuerst die Frau und griff damit nicht nur Gottes Gebot bezüglich des Baumes der Erkenntnis des Guten und Bösen an, sondern auch Gottes Gebot bezüglich der Stellung des Paares – sie die Hilfe, er der Leiter. Der deutsche Theologe Werner Neuer kam zu der Einsicht: »Der Sündenfall ist daher nicht nur die Auflehnung des Menschen gegen Gott, sondern gleichzeitig die Beseitigung der von Gott eingesetzten Schöpfungsordnung für Mann und Frau.«[30]

Evas Fluch

Als Folge ihrer Sünde wird Eva in ihrer Eigenschaft als Mutter und Ehefrau Schmerzen erleiden (V. 16). Der erste Teil der Strafe für ihr Vergehen trifft sie als Mutter: »Ich werde sehr vermehren die Mühsal deiner Schwangerschaft, mit Schmerzen sollst du Kinder gebären!« (V. 16a).

Der zweite Teil trifft Eva als Ehefrau: »Nach deinem Mann wird dein Verlangen sein, er aber wird über dich herrschen.« Grob gesagt, läutet diese Ankündigung (»Verlangen … herrschen«) den Geschlechterkampf ein. Es ist sehr schwer, die genauen Auswirkungen des »Verlangen … herrschen«-Urteils auf Eva mit Sicherheit festzulegen, ganz besonders die Bedeutung des Wortes »Verlangen«.[31] Was auch immer die präzise Bedeutung dieses Urteils anbelangt – fest steht, dass das Miteinander von Mann und Frau entstellt wurde und die Frau in dieser Beziehung viele Frustrationen erleben wird. Obwohl dieser Fluch bis zum Ende der Erde nicht endgültig ausgerottet sein wird, hat Cottrel Recht, indem er sagt: »Dies sollte jedoch nicht heißen, dass wir uns damit abfinden müssen, genau so wenig, wie wir uns mit dem Tod einfach so abzufinden haben. Das Sühneopfer Christi gibt uns das Recht, die ernsten Folgen der Sünde mit allen Möglichkeiten zu bekämpfen.«[32]

Adams Fluch

Gott verflucht den Erdboden um der Sünde Adams willen. Nur durch Elend und Mühsal wird er ihm die lebenswichtigen Früchte abringen können. »Die Strafe der Frau traf sie im Kern ihres Seins als Ehefrau und Mutter; die des Mannes traf ihn im Nervenzentrum seines Lebens: seine Arbeit, seine Aktivitäten und die Sorge für den Unterhalt.«[33]

Letztendlich wird Adam sterben und zum Erdboden zurückkehren. Genauso Eva; auch sie trifft die Todesstrafe Adams. Der Grund, weshalb Eva in diesem Urteil mit eingeschlossen war, ist, dass Adam das ernannte Haupt und der Repräsentant der ersten Familie war. Deutlich erkennt man die Leitungsposition des Mannes, da Gott nach dem Sündenfall den Mann zu sich rief und nicht die Frau, obwohl ja Eva als Erste sündigte (V. 9). Außerdem wird das Paar als »der Mann und seine Frau« (V. 8) bezeichnet. In der Sprache der Bibel und in Gottes Regierungsform der menschlichen Rasse war Adam, der erste Mensch, das Haupt der ersten Familie und letztlich das der ganzen Menschheit (Röm 5,12; 1Kor 15,22.45).

Kurz zusammengefasst offenbaren 1. Mose 2 und 3, dass Männer und Frauen im Ebenbild Gottes geschaffen wurden, aber innerhalb ihrer Beziehung unterschiedliche Aufgaben und Rollen haben. Der Rest des Alten Testaments veranschaulicht diese geschlechtsspezifischen Unterschiede in einer gefallenen Welt folgendermaßen:

- Die bekannten Führer des Alten Testaments waren Männer: Noah, Abraham, Hiob, Isaak, Jakob, Joseph, Mose, Aaron, Josua, Saul, Samuel, David, Salomo, Esra, Nehemia, Jesaja, Daniel, Hesekiel und Jeremia.
- Obwohl bei den Nachbarvölkern der Israeliten Priesterinnen im religiösen Alltag nichts Ungewöhnliches waren, mussten

die Priester Israels männlich sein. Es war für eine Hebräerin ausgeschlossen, jemals Priesterin zu werden. Israel hatte keine Göttinnen oder Priesterinnen und unterschied sich darin von Grund auf von den angrenzenden Völkern.

- Alle israelitischen Könige waren Männer, mit der Ausnahme von Atalja, die den Thron mit Gewalt an sich gerissen hatte.
- Fast alle führenden Propheten des Landes waren Männer; von weiblichen Ältesten wird uns nichts berichtet.

Trotz allem kann man nicht sagen, dass die Frauen in der alttestamentlichen Geschichte von Gottes Bündnisvolk fehlen. Mit großer Wirksamkeit haben Frauen unmittelbar zu Gott gebetet, ihm durch die Priester Opfer dargebracht und ihr Leben in enger Beziehung zu ihm geführt. Durch das ganze Alte Testament hindurch lesen wir von gottergebenen, heldenhaften, einflussreichen Frauen – Frauen mit erstaunlicher Kraft, Weisheit und Fähigkeiten. Obwohl Gott seinen Bund mit Adam schließt, spielte Sarah in dieser Begebenheit eine bedeutende Rolle. Rebekka, Rahel und Lea sind berühmte Frauen, die neben ihren Männern, den Erzvätern, standen. Obwohl man im Leben dieser Paare wahre Liebe und Hingabe erkennen kann, sieht man doch auch Grausamkeit und Hintergehung.

Die Hauptaufgabe einer Frau des Alten Testaments war die der Mutter und Ehefrau. Das hohe Ansehen einer Frau und Mutter wird in Sprüche 31,10 gepriesen: »Eine tüchtige Frau – wer findet sie? Weit über Korallen geht ihr Wert.« In einigen Fällen dienten Frauen in öffentlichen und politischen Bereichen. Manche Frauen dienten zum Beispiel »am Eingang des Zeltes der Begegnung« (2Mo 38,8), andere waren Prophetinnen. Debora war eine Prophetin und genauso eine Richterin Israels.[34] Auch Mirjam war eine Anführerin und Prophetin unter den Frauen Israels.

Das Alte Testament zeichnet weder ein romantisches noch ein idealistisches Bild vom Umgang mit Frauen. Es ist ein realistisches Portrait. Es zeigt die Grausamkeit der Polygamie und des Harems des Königs. Wir sehen die Doppelmoral im sexuellen Verhalten (1Mo 38,11-26), da Männer sich von ihren Frauen ungerechtfertigt scheiden lassen konnten, aber Frauen nicht. Gott hasste diese Taten und verdammte sie ganz entschieden durch den Propheten Maleachi (Mal 2,13-16). Werner Neuer kommt zu einem ausgeglichenen Schluss:

All diese Beispiele zeigen, dass die Minderbewertung und Benachteiligung der Frauen im Alten Testament noch nicht vollständig überwunden ist. Trotzdem wird man angesichts der vielen alttestamentlichen Zeugnisse für die Hochschätzung der Frau dem Älttestamentler Döller zustimmen müssen, der am Schluss seiner ausführlichen Arbeit über die Stellung der Frau im Alten Testament zu dem Ergebnis kommt: »Ohne Zweifel hat die Frau bei den Israeliten eine Stellung eingenommen, wie bei wenigen anderen Völkern.«[35]

Nachdem wir nun sicher auf dem Fundament des Alten Testaments stehen, sind wir bereit, mehr über die neutestamentlichen Lehren der Geschlechterordnung herauszufinden.

Fragen

1. Zählen Sie verschiedene Gründe auf, warum unsere Nachforschungen im 1. Buch Mose beginnen.
2. Glauben Sie, dass der Schöpfungsbericht eine historische Wahrheit wiedergibt? Erläutern Sie ihre Antwort.
3. Welche grundsätzlichen Tatsachen werden in 1. Mose 1,26-28 gelehrt? Warum sind sie für unsere Nachforschungen so wichtig?
4. Was lehrt nach Ansicht der evangelikalen Feministinnen das 2. Kapitel über Männer und Frauen?
5. Was würden Sie jemandem entgegnen, der behauptet, dass die frühere Erschaffung Adams für die Frage der Geschlechterordnung keinerlei Bedeutung hat?
6. Was bedeutet die Aussage »die Schrift erklärt die Schrift«? Warum ist dieses Prinzip der Bibelauslegung so wichtig für unsere Nachforschungen?
7. Beschreiben Sie die gottgegebenen Aufgaben der Frau, wie sie in 1. Mose 1,26-28 und 2,7-24 dargestellt werden.
8. Inwiefern sind Adam und Eva nach 1. Mose 2,7-24 gleich geschaffen?
9. Welche Einzelheiten der Geschehnisse im 2. Kapitel demonstrieren die Führungsposition Adams?
10. Was umschreibt der Ausdruck »der Sündenfall«? Warum ist die Akzeptanz eines Falls der Menschheit, wie er im 3. Kapitel beschrieben wird, so wichtig für das Verständnis und die Lösung des Rollenkonflikts?
11. Erläutern Sie mit eigenen Worten die Aussage »Adam, der erste Mensch, war das Haupt der ersten Familie und letztlich das der ganzen Menschheit« (lies Röm 5,12; 1Kor 15,22.45).
12. Welche Führungspositionen waren laut dem Alten Testament allein den Männern vorbehalten?
13. Welche Wirkung hat das Kreuz Jesu Christi auf Gottes Entwurf von Männern und Frauen? Erläutern Sie Ihre Antwort.
14. Was haben Sie in diesem Kapitel gelernt, das Ihr Denken und Handeln beeinflussen wird?

II. Jesus Christus legt die Leitung seiner Gemeinde in die Hand von Männern

»Ich hab' gar nicht gewusst, wie unheimlich wichtig das 1. Buch Mose für unser Thema ist. Was sehen wir uns als nächstes an, Paulus und seine Briefe?«, fragte Tom.

»Nein, als nächstes sehen wir uns Jesus Christus an, mit Schwerpunkt darauf, dass er selber ein Mann war und zwölf männliche Apostel wählte.«

»Glauben Sie wirklich, dass diese beiden Punkte von großer Bedeutung sind?«

»Tom, ›Jesus ist der Herr‹ ist das Bekenntnis eines jeden Christen. Für einen Christen ist Jesus' Meinung zum Kampf der Geschlechter das Wichtigste. Die Tatsache, dass Jesus selbst ein Mann war und im Gebet zwölf männliche Apostel zu seinen offiziellen Vertretern ernannt hat, ist sehr wohl von großer Bedeutung.«

»Manche meiner Professoren behaupten, dass die Tatsache, dass Jesus ein Mann war und männliche Apostel wählte, aus theologischer Sicht überhaupt nicht relevant wäre. Sie sagen, dass dies so sein musste, weil die jüdische Kultur des ersten Jahrhunderts eben den Frauen das Predigen und Lehren nicht gestattete. Jesus musste den damaligen gesellschaftlichen Gegebenheiten Zugeständnisse machen.«

»Was für eine Beleidigung! Der Jesus der Evangelien war absolut mutig. Er hatte keine Angst, in dieser von Traditionen gefesselten Kultur neue radikale Ideen zu lehren. Jesus hat sich weder von einer sündigen Kultur beeinflussen lassen noch die Frauen in diesem entscheidenden Punkt der Menschheitsgeschichte im Stich gelassen.«

»Ein guter Gesichtspunkt.«

»Tom, Jesus Christus bestimmte für seine Gemeinde eine männliche Leiterschaft. Die Tatsache, dass er selber ein Mann war, sowie dass seine zwölf Apostel männlich waren, basiert auf 1. Mose 2, Gottes ursprünglichem Entwurf für Mann und Frau.«

»Dann, schätze ich, sind sie echt ziemlich wichtig.«

»Absolut. Genaugenommen kann man nicht leugnen, dass diese beiden Tatsachen das Leben der Nachfolger Christi in den letzten zweitausend Jahren stark geprägt haben. Dieser Einfluss wirkt noch heute unter Millionen von Katholiken, Orthodoxen, vielen Anglikanern und konservativ-protestantischen Gemeinden, die allesamt von Männern geleitet werden. Also, lass uns loslegen.«

A. Jesus musste ein Mann sein

In Jesus Christus stecken zwei Naturen, eine vollkommen göttliche und eine vollkommen menschliche Natur. Trotzdem ist er nur eine Person. Vollkommen menschlich, musste er entweder männlich oder weiblich sein. Er nahm eine männliche Natur an und kam als der Sohn Gottes auf die Welt, nicht als die Tochter Gottes.
Für evangelikale Feministen war Jesus aus rein praktischen Gesichtspunkten ein Mann. Eine Frau hätte im ersten Jahrhundert weder predigen noch lehren dürfen. Wichtig ist ihnen aus theologischer Sicht nur, dass Jesus vollkommen Mensch war. Sein Geschlecht, so behaupten sie, sei theologisch irrelevant, abgesehen vom praktischen Nutzen.

> DIE MÄNNLICHKEIT JESU AUS FEMINISTISCHER SICHT
>
> Rebecca Groothuis schreibt: »Es war aus historischen und kulturellen Gründen notwendig, dass Gott in einem männlichen Wesen Fleisch wurde. Aber da Gott selbst weder männlich noch weiblich ist und sein Ebenbild in Mann und Frau widergespiegelt wird, war es aus theologischer Sicht nicht notwendig, dass die Menschengestalt Gottes männlich war.«[36] Sie fährt fort: »Der Männlichkeit Christi eine theologische Relevanz und Notwendigkeit zuzuschreiben, hieße, die Wirksamkeit des Erlösungswerks Christi für Frauen in Frage zu stellen.«[37]
>
> Ähnlich argumentiert Aída Besançon Spencer, Professorin für das Neue Testament am Gordon-Conwell Seminar für Theologie: »Obwohl Gott männlich wurde, wurde er in erster Linie ein Mensch; andernfalls wären Männer ja irgendwie ›mehr errettet‹ als Frauen.«[38]

Jedoch war es kein Zufall, dass Jesus ein Mann war. Sein Geschlecht war biblisch und theologisch notwendig. Die Bibel verschweigt weder seine Männlichkeit noch den Grund für dieses Geschlecht. Jesus musste nicht nur ein Mensch sein, sondern männlich – ein erstgeborener, jüdischer Mann aus einem bestimmten Stamm und einer bestimmten Familie. Über die Männlichkeit Jesu schreibt Cottrell: »Eine Tatsache, die von Anfang bis zum Ende der Bibel bestätigt wird, vom männlichen Samen der Frau in 1. Mose 3,15 bis zum Bräutigam in Offenbarung 21.«[39]

In Gottes Heilsplan ist Adam ein Bild für Jesus Christus, nicht Eva. Ein Theologe beschreibt: »Sowohl Adam als auch Christus kamen durch einen besonderen Akt Gottes in die Welt. Beide kamen sündlos; beide handelten stellvertretend für die, die Gott in ihnen repräsentativ sah ..., als Evas Ehemann ist Adam auch noch ein Bild für den Bräutigam mit der Gemeinde als Braut.«[40]

Das Neue Testament bezeichnet Adam als ein »Bild des Zukünftigen« (Röm 5,14). Das Wort Bild bedeutet in diesem Zusammenhang so viel wie ›ein Symbol oder eine Gestalt eines zukünftig Eintreffenden‹, so wie es auch im Alten Testament Personen oder Handlungen gibt, die ein Vorbild (oder eine Ankündigung) für eine Person oder Handlung des Neuen Testaments sind. Adam zum Beispiel ist ein Vorbild für Christus. Jesus ist »der letzte Adam« und »der zweite Mensch« (1Kor 15,45.47). Der erste Adam versagte; der letzte Adam jedoch nicht. Wie Adam, so ist auch Jesus das Haupt einer Rasse und einer neuen Menschheit. Nach dem Heilsplan Gottes musste der Christus ein Mann sein. Dies zu leugnen, hieße, diesen Heilsplan zu entstellen. Darum ruft das Bestreben der Feministen, die Wichtigkeit der Männlichkeit Christi zu leugnen, schwerwiegende Irrlehren hervor.

Die Voraussetzung eines männlichen Erlösers ist so wichtig wie alle anderen biblischen Voraussetzungen. Jesus lehrte, dass »die Erlösung von den Juden kommt« (Joh 4,22). Er musste also ein Jude sein. Außerdem musste er ein Erstgeborener vom Stammbaum Abrahams und Davids sein, rechtmäßiger Erbe der Verheißungen Gottes, der wahre Same. Er musste der wahre König Israels sein, nicht die Königin; der Herr des Universums, nicht die Herrin; der Löser; der Bräutigam; und das makellose Passa-Lamm Gottes.

»Die überwältigende Betonung der Bibel auf die Männlichkeit Christi, die ihn ja nur mit männlichen Titeln und Aufgaben belegt, zeigt zweifellos, dass es die eindeutige Absicht Gottes war, die Welt nicht einfach durch einen Menschen zu erlösen, sondern durch einen Mann ... Auch dass er fortfährt, sich in männlichen Rollen zu zeigen, beweist, dass sein Geschlecht nicht nur eine bloße kulturelle Anpassung war.«[41]

Darüber hinaus ist Jesus Christus die vollkommene Offenbarung Gottes. Er ist Gott in fleischlicher Gestalt. Also musste er männlich sein. Der Gott der Bibel zeigt und definiert sich in der Heiligen Schrift fast ausschließlich in männlicher Sprache, männlichen Bezeichnungen, Ämtern, Bildern und Rollen. Und das ist kein kultureller Unfall; es gab ja unzählige Göttinnen in den von Männern beherrschten Kulturen des antiken Nahen Ostens und Mittelmeerraumes. Einige Beispiele: die ägyptische Göttin Isis, eine der wichtigsten Gottheiten des Mittelmeerraumes; die kanaanitische Göttin Aschera; die babylonische Göttin Ischtar; die griechischen Göttinnen Artemis und Aphrodite (bei den Römern als Venus bekannt); die römische Göttin Juno. Eine weibliche Göttin war demzufolge für die damaligen Menschen in der Bibel nichts Ungewöhnliches und auch nicht abstoßend. Man kann nicht sagen, dass Jesus ein Mann war, um sich der Kultur anzupassen. Genau genommen waren das Judentum und das Christentum damals mit ihrem Monotheismus und ihrer ausschließlich männlichen Darstellung ihres Gottes eine Ausnahme.
Der Gott der Bibel wird immer mit *er* bezeichnet, niemals als *sie*. Er ist der Vater, *nie* die Mutter. Der dreieinige Gott der Bibel ist Herr, König, Meister, Ehemann, Löser, und der Vater unseres Herrn Jesus Christus. Jesus lehrte seine Jünger, Gott ›Vater‹ zu nennen. Er lehrte sie zu beten: »Unser Vater, der du bist im Himmel«, nicht »Unsere Mutter, die du bist im Himmel«. Gott der Vater ist nicht nur wie ein Vater, er *ist* der Vater; Jesus Christus ist nicht wie ein Sohn, er *ist* der Sohn. Diese Namen kann man doch nicht einfach abändern, nur weil man jemanden vielleicht beleidigen könnte. Der biblische Bericht dokumentiert, dass Jesus Christus als Fleischwerdung und Offenbarung Gottes ein Mann hätte sein müssen.
Zum Schluss: Wenn Sie immer noch daran zweifeln, dass Jesus ein Mann sein musste, dann hören Sie dem Apostel Paulus zu, der von Christus persönlich auserwählt und beauftragt wurde, als sein Stellvertreter zu den Heiden zu gehen: »Ich erlaube aber einer Frau nicht zu lehren, auch nicht über den Mann zu herrschen, sondern ich will, dass sie sich in der Stille halte, denn Adam wurde zuerst geschaffen, danach Eva« (1Tim 2,12.13). Beachten Sie genauso seine von Gott inspirierte Lehre in 1. Korinther 11,3: »Ich will aber, dass ihr wisst, dass der Christus das Haupt eines jeden Mannes ist, das Haupt der Frau aber der Mann, des Christus Haupt aber Gott.« Des weiteren sagt er, dass der Mann »Gottes Bild und Ehre ist; die Frau

aber ist die Ehre des Mannes« (1Kor 11,7, rev. Schlachter 2000). Jesus hätte gar keine Frau sein können, weil er als Frau seine männlichen Apostel gar nicht hätte anführen dürfen. In Gottes Schöpfungsordnung wurde dem Mann das Amt als Haupt, Vertreter und Leiter in der Beziehung zu seiner Frau gegeben. Also ist das Haupt der Gemeinde Jesus Christus ein Mann.

Keine Göttin für das Volk Gottes

Gott hätte sich in seiner eigenen Bezeichnung auf unpersönliche und geschlechts-neutrale Ausdrücke beschränken können. Zum Beispiel Fels, Feuer, Heiligkeit, Lebendiger, usw. Hat er aber nicht gemacht. Er ist eine Persönlichkeit und sucht die Gemeinschaft mit denen, die in seinem Bilde erschaffen wurden.

Es gibt einige wenige Bibelstellen, in denen Gott mit dem Bild einer Frau verglichen wird (5Mo 32,18; Jes 49,14.15; 66,13). Das geschieht meistens mit einem so genannten bildhaften Vergleich, in denen zwei ansonsten völlig unterschiedliche Dinge in einem Punkt verglichen werden. Nehmen wir zum Beispiel Jesaja 42,14, da steht: »Wie eine Gebärende will ich nun stöhnen.« In diesem Fall wird Gottes Aufschrei wegen seinem Volk mit dem Stöhnen einer in den Wehen liegenden Frau verglichen. Der Vers sagt nicht aus und deutet auch in keiner Weise an, dass Gott eine gebärende Frau ist, oder dass er weiblich ist. Die gleiche Bildersprache wird auch von Männern der Bibel benutzt. Mose und Paulus nehmen z.B. auch das Bild einer in den Wehen liegenden Frau oder einer stillenden Mutter, um ihre eigene Arbeit und Gefühle zu beschreiben (Gal 4,19, 1 Thess 2,7; 4Mo 11,12ff, Joh 16,21.22). Jesus selber vergleicht sein Verlangen nach seinem Volk mit einer Henne, die ihre Küken unter ihren Flügel versammelt (Mt 23,37). Diese Bilder bedeuten allerdings nicht, dass diese Männer eigentlich Frauen sind. William Mouser hat absolut recht, indem er sagt: »Es gibt keine Göttin der Bibel.«[42]

B. Jesus beruft zwölf männliche Apostel

Während seines irdischen Dienstes ernannte Jesus Christus persönlich zwölf Männer, die er schulte und als ›Apostel‹ bezeichnete (Lk 6,13).

Bevor er diese zwölf auswählte, verbrachte er die ganze Nacht im Gebet mit seinem Vater. Lesen Sie die folgenden Verse aus Lukas 6:

> 6,12 Und es geschah in diesen Tagen, dass er auf den Berg hinausging, um zu beten, und er verbrachte die Nacht im Gebet zu Gott.
>
> 6,13 Und als es Tag wurde, rief er seine Jünger herbei und erwählte aus ihnen zwölf, die er auch Apostel nannte.

DIE APOSTEL JESU CHRISTI

Der Ausdruck *Apostel* wurde zuerst von unserem Herrn benutzt. Er beschreibt zwölf auf einmalige Art und Weise ausgewählte Jünger, die oft auch einfach nur »die Zwölf« genannt wurden (Lukas 6,13). Wörtlich bedeutet das griechische Wort *apostolos* ›jemand, der ausgesandt wurde‹. In diesem Fall ist Jesus Christus also derjenige, der aussendet, und die Zwölf sind die Gesandten (also keine Freiwilligen); sie sind seine offiziellen Botschafter, Repräsentanten und Ausleger, seine bevollmächtigten Lehrer – inspiriert, geleitet und geschützt durch den Heiligen Geist. Während er bei ihnen auf der Erde weilte, sagte Jesus zu seinen Aposteln: »Noch vieles habe ich euch zu sagen, aber ihr könnt es jetzt nicht tragen. Wenn aber jener, der Geist der Wahrheit, gekommen ist, wird er euch in die ganze Wahrheit leiten« (Joh 16,12.13a; siehe auch 14,25.26; 15,26.27; Apg 1,1-3).

Weil die Apostel Gottes Wort durch die Kraft des Heiligen Geistes weitergaben, konnte Johannes ohne falschen Stolz oder Selbstbetrug sagen: »Wir sind aus Gott; wer Gott erkennt, hört uns, wer nicht aus Gott ist, hört uns nicht. Hieraus erkennen wir den Geist der Wahrheit und den Geist des Irrtums« (1Joh 4,6).

Während Jesus dem Willen seines Vaters vollkommen gehorsam und untergeordnet war, wählte er zwölf Männer als seine Apostel aus. Also hätte auch Gott der Vater genau diese Männer ausgewählt. Jesus wählte die zwölf Männer durch ernstes Gebet, nach den Prinzipien des Alten Testaments und geleitet durch Gott, den Vater. Seine Wahl wurde nicht aus Angst vor der männer-dominierten Kultur des ersten Jahrhunderts getroffen.

Nach Christi Himmelfahrt musste außerdem ein Ersatz für Judas, einen der Zwölf, gefunden werden. Nur Männer wurden in die Auswahl einbezogen (Apg 1,21). Von den beiden Männern Josef und Matthias wurde einer dann – indirekt durch das Los – von dem auferstandenen Herrn Jesus Christus auserwählt. Zwei Jahre später erschien der auferstandene Christus dem Saulus auf dem Weg nach Damaskus und ernannte ihn zu dem führenden Apostel für die Heiden. Ohne jedwede Rücksicht auf die Tatsache, dass Jesus seine zwölf männlichen Jünger unter göttlicher Leitung auswählte, behaupten die Feministen jedoch, dass dies ein notwendiger Verzicht zugunsten der patriarchalischen Kultur jener Tage gewesen sei. Eine führende Feministin schreibt: »Ist es nicht möglich, dass der Ausschluss von Frauen von den Zwölfen nur ein weiteres Zugeständnis an die Kultur des ersten Jahrhunderts war – wie auch Schicklichkeit?«[43]
Aber wie kann jemand aufrichtig das Leben Jesu Christi lesen und ernsthaft glauben, dass Jesus Männer zu Aposteln berief, um sich dem sündigen und chauvinistischen Zeitgeist von damals unterzuordnen? Die Tatsachen sprechen einfach gegen die feministische Charakterisierung Jesu. Bedenken Sie einmal, wie Jesus tatsächlich in der Schrift charakterisiert wird.

Jesus war furchtlos

Jesus Christus hatte keine Angst vor dem religiösen Machtgefüge. Auf noch nie dagewesene Art und Weise entblößte er ihre Heuchelei. Er nannte die professionellen Schriftgelehrten und Pharisäer blinde Führer, aufgeblasene Narren, scheinheilige Betrüger, Witwenbetrüger, Geldliebende, Doppelzüngige, falsche Lehrer, Perverse, Mörder der Propheten, Schlangen, Otterngezücht, Höllen-Söhne, Selbstgerechte, sich selbst etwas vormachende Heuchler (Mt 23). Zweimal trieb er trotz Gefahr für sein eigenes Leben die Geldwechsler mit einer Peitsche aus dem Tempelhof. Er beschuldigte die Priester, ihre geistlichen Pflichten im Stich gelassen zu haben und stattdessen die Menschen zu ihrem persönlichen Profit ausgebeutet zu haben. Jesus Christus passte seine Lehren und Taten ganz bestimmt nicht einer sündigen und von Männern erdachten Tradition an. Er beschrieb seine Lehren und Taten als »neuen Wein«, der »neue Weinschläuche« benötige. Die alten Schläuche des äußerlichen, gesetzlichen, rabbinischen Judentums konnten seine frische, neue Lehre

nicht aufnehmen, ohne zu platzen (Mt 9,17). Geführt durch den Heiligen Geist und kühner als jeder bisherige alttestamentarische Prophet scheute sich Jesus nicht, die Traditionen, die dem Wort Gottes widersprachen oder es verdrängten, auf das Schärfste zu kritisieren (Mk 7,1-23). Wiederholt missachtete er einfach die gesetzlichen Bräuche für den Sabbat und nannte sich »Herr des Sabbats«. Um dieser Taten willen beschloss das religiöse Machtgefüge, dass Jesus den Tod verdient habe.
Einer der Gründe, wegen denen Jesus gehasst und letztendlich gekreuzigt wurde, war der, dass er manche Traditionen der Rabbiner konsequent übertrat. Aber, trotz dieser Angriffe auf die von Menschen ersonnenen Sitten und Gebräuche mussten selbst seine erbittertsten Feinde zugeben, dass Jesus die Wahrheit sagte. Er hatte vor niemandem Furcht und blickte nicht auf das Ansehen einer Person. »Lehrer, wir wissen, dass du wahrhaftig bist und den Weg Gottes in Wahrheit lehrst und dich um niemand kümmerst, denn du siehst nicht auf die Person der Menschen« (Mt 22,16).

Jesus war kein Traditionalist

Die Fülle der neuen Lehren, die Jesus den traditionshörigen Israeliten im ersten Jahrhundert präsentierte, ist wirklich enorm. Besonders seine Lehren und Taten in Bezug auf die Frau waren neu und ziemlich unkonventionell. Der Jesus der Evangelien scheute sich nicht, männliche Sitten und ihre halsstarrigen Vertreter herauszufordern. Kein Wunder, dass die Leute sagten: »Was ist dies? Eine neue Lehre mit Vollmacht?« (Mk 1,27b). Überdenken Sie einmal Folgendes:

- In der viel zitierten Bergpredigt sagte Jesus wiederholt: »Ihr habt gehört, dass gesagt ist [laut den Überlieferungen] … ich aber sage euch« (Mt 5,21-48). Eine der Traditionen, die Jesus scharf kritisierte, war die hochgeschätzte männliche Sitte der Ehescheidung. Viele Juden zu dieser Zeit glaubten, dass das Gesetz ihnen die grundlose Scheidung von ihrer Ehefrau zuwilligte, so lange man der Frau den offiziellen Scheidebrief übergab. Jesus jedoch schaffte diese Scheidungs-Sitte ab. Bedingungslos führte er die treue, monogame Ehe wieder ein und erlaubte nur noch in einem Fall die Scheidung: Ehebruch (Mt 5,31.32; 19,3.9).

- In der gleichen Predigt sagte Jesus: »Ihr habt gehört, dass gesagt ist: Du sollst nicht ehebrechen. Ich aber sage euch, dass jeder, der eine Frau ansieht, sie zu begehren, schon Ehebruch mit ihr begangen hat in seinem Herzen« (Mt 5,27-28). Die religiös oberflächlichen und selbstsüchtigen Männer fühlten sich sehr gerecht, weil sie körperlich noch nie Ehebruch begangen hatten. Aber Jesus warnte sie, dass lüsterne Blicke oder Gedanken nur ein selbstsüchtiges sexuelles Vergnügen sind und aus einem unmoralischen und ehebrecherischen Herz stammen. Solche Männer sind schuldig vor Gott. So forderte Jesus viele althergebrachten Standpunkte der religiösen Führer und ihre behüteten chauvinistischen Traditionen heraus.

- Jesus' Umgang mit Frauen war genauso radikal. Zum Entsetzen der zwölf Jünger – und dem der Frau selber – sprach er lange mit einer Samariterin über göttliche Wahrheiten und ihre eigene geistliche und moralische Verfassung und brach so mit allen gesellschaftlichen Normen (Joh 4,9.27). Durch ihr Zeugnis kamen viele zu Jesus und glaubten.

- Zweimal lobte Jesus Maria, die Schwester des Lazarus, öffentlich wegen ihrer geistlichen Prioritäten und Einsicht – einmal, weil sie lieber zu seinen Füßen saß und seinen Worten lauschte, als ein übertriebenes Essen zuzubereiten (Lk 10,42) und ein andermal, weil sie ihn für sein Begräbnis salbte, währenddessen jeder andere diesen heiligen Moment vollkommen missverstand (Joh 12,1-8).

- Manchmal begleiteten einige treue Frauen Jesus auf seinen Reisen und sorgten für ihn (Lk 8,1-3). Diese Frauen liebten den Herrn Jesus und wollten bei ihm sein und ihm dienen. Er begrüßte ihren Dienst.

- Maria Magdalena und mehreren anderen Frauen wurde die Ehre zuteil, die ersten Menschen zu sein, die Jesus Christus nach seiner Auferstehung sehen durften. Er betraute sie auch mit der Aufgabe, den anderen Jüngern seine Auferstehung zu verkündigen und ihnen ein späteres Treffen anzukündigen. Johannes' Schilderung des Wiedersehens zwischen Maria Magdalena und

Jesus nach seiner Auferstehung ist eine der ergreifendsten Geschichten des Neuen Testaments (Joh 20,1-8).

- Das alles umfassende, fundamentale Gebot für ein Leben in der Gemeinschaft des auferstandenen Herrn ist: »Liebet einander, damit, wie ich euch geliebt habe, auch ihr einander liebt« (Joh 13,34). Die selbstlose und aufopfernde christliche Liebe beendet den Kampf der Geschlechter. »Durch sein absolutes Liebesgebot ... weist er jede Form von männlichem Egoismus und Unterdrückung der Frau ein für alle Mal zurück. ... Jesus zeigt den einzigen Weg, der die durch Sünde entstellte Beziehung der Geschlechter zu heilen vermag.«[44]

Jesus ließ die Frauen nie im Stich

Während seines Lebens auf der Erde ehrte, verteidigte und erhob Jesus die Frauen in außergewöhnlicher Hinsicht. Er hatte keine Angst vor den chauvinistischen Machthabern seiner Zeit. Trotzdem wählte er zwölf männliche Apostel. Warum? Die Antwort auf diese Frage ist äußerst wichtig.

Evangelikale Feministen behaupten, dass die Zeit einfach noch nicht reif gewesen sei, um auch Frauen als Apostel zu berufen. Sie sagen, dass die kulturelle Situation des ersten Jahrhunderts Jesus zwang, männliche Apostel zu erwählen, obwohl er theoretisch auch nichts gegen weibliche Apostel einzuwenden gehabt hätte. Laut den feministischen Auslegern musste Gott sein Wort schon im Alten Testament der vorherrschenden patriarchalischen Kultur anpassen um überhaupt akzeptiert und verstanden zu werden.[45] Auch als Gott als Messias auf die Erde kam, verkroch er sich vor dem Monster des Patriarchats. Selbst Jesus Christus konnte sich nicht von dem Fluch aus 1. Mose 3 losreißen!

Die Bibel jedoch sagt, dass, als Jesus in die Welt und ganz besonders in die jüdische Kultur kam, von Gott schon vorher diese Zeit und dieser Ort festgelegt worden war (Gal 4,4). Also war die Zeit des Handelns gekommen, und Jesus war der Einzige, der die Macht und die Autoriät hatte, um, wenn irgend möglich, weibliche Apostel zu bestimmen. Und wenn er sich damals nicht dafür stark machte, wann sollte denn dann der richtige Zeitpunkt gekommen sein? Wann würde die Gesellschaft für weibliche Apostel gewappnet sein?

Etwa 1848 n.Chr., als die erste Frauenrechtskonferenz, die Seneca Falls Tagung in Seneca Falls, New York, stattfand? Oder doch eher 1949 n.Chr., als Simone de Beauvoirs Buch ›Das zweite Geschlecht‹ erschien? Würde die säkulare Gesellschaft der westlichen Welt den günstigsten Moment bestimmen, an dem Jesus sich endlich Gehör verschaffen könnte?

Wenn Jesus die Absicht gehabt hätte, durch sein Erlösungswerk die Rollenunterschiede zwischen den Geschlechtern endgültig abzuschaffen, so wie es die Feministen ja behaupten, dann wäre die Ernennung der Zwölf der idealste Zeitpunkt in der Geschichte der Menschheit gewesen, um Frauen in das Apostelamt zu berufen. Das Apostelamt war ein Grundstein der Gemeinden, welche immerhin zweitausend Jahre lang von der Entscheidung Jesu für diese zwölf Apostel massiv beeinflusst wurden. Die Ernennung der zwölf Apostel wäre der günstigste Augenblick gewesen, um mit Israels patriarchalischem Leiterschaftsdenken zu brechen. Aber Jesus hat diesen Bruch nicht herbeigeführt. Er hat das Muster der männlichen Leiterschaft weitergeführt.

Jesus (und der Vater) waren sich der langfristigen Konsequenzen dieser Entscheidung wohl bewusst. Die zwölf Apostel sind Glied einer Kette, die sich von den zwölf Söhnen Jakobs bis zu den zwölf Stämmen Israel in Offenbarung 21,12-14 hinzieht.[46] Zwölf männliche Apostel zu erwählen bedeutete, mit der männlichen Führung der Vergangenheit fortzufahren. Genauso hieß es, die männliche Führung in die Zukunft zu projizieren, denn die Namen der zwölf Apostel werden auf den Grundmauern des neuen, ewigen Jerusalems geschrieben sein und somit ewiglich in Erinnerung bleiben (Offb 21,14).

Wenn Jesus wirklich der höchste Verfechter der Emanzipation ist, zu dem manche ihn gerne machen wollen, dann hat er die Frauen am entscheidendsten Punkt der Menschheitsgeschichte ganz schön im Stich gelassen. Hätte er als umjubelter Freiheitskämpfer der Frauen nicht sechs Männer und sechs Frauen als Apostel berufen sollen, oder wenigstens eine einzige Frau? Hätte nicht ein weiblicher Apostel Frauenarbeit machen können?

Zum guten Schluss müssen wir uns die Frage stellen: Warum hätte sich Jesus darum sorgen müssen, womöglich wegen der Ernennung von weiblichen Aposteln abgelehnt zu werden, wo er doch schon längst wegen seiner skandalösen Lehren und Handlungen abgelehnt worden war? Cottrell beobachtet, dass »diejenigen, die eine solchen Ernennung abgelehnt hätten, ihm [Jesus] deswegen kein bisschen mehr Aufmerksamkeit und Respekt geschenkt hätten. Wenn er also nur aus diesem Grund ablehnte, eine Frau in den Zwölferkreis zu berufen, muss man eingestehen, dass seine Rechnung nicht aufging und eine goldene Gelegenheit einfach so verschwendet wurde.«[47]

Wie auch immer es von feministischer Seite gedreht wird, letztendlich beleidigen sie Jesus Christus mit ihrer Behauptung, dass Frauen nicht zu Aposteln berufen wurden, weil er sich lieber den jüdischen Gepflogenheiten des ersten Jahrhunderts anpasste. Wenn es stimmt, dass Jesus sich in seiner Wahl der Apostel der damaligen frauenfeindlichen Kultur unterwarf, wird alles, was er jemals zu und über Frauen gesagt hat, im Großen und Ganzen bedeutungslos. Wir können ihn dann getrost bei der Diskussion außer Acht lassen. Aber das ist nicht der Fall. Jesus handelte nach göttlichen Prinzipien (1 Mo 2), als er seine Apostel berief. Nur er ist die Lösung in der Verwirrung um die Rolle der Geschlechter:

> Jesus Christus kam, um den richtigen Weg zu zeigen. Den Weg der Zusammenarbeit, nicht der Konkurrenz; den Weg des Friedens, nicht den des Kampfes zwischen den Geschlechtern. Er kam nicht, um die Schöpfungsordnung zu ändern, in welcher auch die Leiterschaft des Mannes und die Unterordnung der Frau beinhaltet ist; er kam vielmehr, um sie durch seine Liebe und Gnade umzuwandeln, damit Gottes Schöpfung erlöst werden kann und wie geplant funktioniert. Wenn nicht auch wir auf diesem Weg gehen, dann werden sowohl die Frauen als auch die Männer die Verlierer sein und die Wahrheit vor der Welt verborgen bleiben.[48]

Fragen

1. Warum ist für einen Christen in der Frage der Geschlechterordnung die Person Jesu so wichtig? Nennen Sie Gründe!
2. Was meinen Christen, wenn sie sagen, dass Jesus Christus zwei Naturen hat, aber nur eine Persönlichkeit?
3. Nennen Sie Gründe, warum Jesus Christus als Mensch geboren werden musste! Welche Gründe finden Sie am wichtigsten?
4. Warum würde es Gottes Heilsplan widersprechen, wenn man behauptet, dass es nicht von Bedeutung ist, dass Jesus Christus ein Mann war?
5. Wie würden Sie jemandem antworten, der behauptet, dass wir Gott sowohl als Vater als auch als Mutter anreden dürfen?
6. Was bedeutet der Ausdruck ›Apostel‹? Welche Bedeutung hat dieses Amt?
7. Nennen Sie theologische und/oder biblische Gründe, aus denen Jesus nur Männer als Apostel erwählte!
8. Welche Begebenheit, in der Jesus sich nicht traditionskonform verhielt, hat Sie am meisten beeindruckt? Warum gerade diese Begebenheit?
9. Welche der unkonventionellen Lehren Jesu in Bezug auf Männer und/oder Frauen hat Sie am meisten beeindruckt? Warum gerade diese Lehre?
10. Nennen Sie eine wichtige Lehre Jesu, durch die, wenn man sie befolgt, jeglicher Missbrauch von Frauen für immer beendet sein müsste.
11. Nennen Sie ein Beispiel, in dem Jesus Mut und Furchtlosigkeit gegenüber seinen religiösen Gegnern bewies. Was würden Sie auf Grund dessen jemandem antworten, der behauptet, dass die Berufung der zwölf männlichen Apostel nur eine Anpassung an die damaligen Gepflogenheiten war?
12. Warum ist folgende Aussage richtig? »Die Ernennung der Zwölf wäre der idealste Zeitpunkt in der Geschichte der Menschheit gewesen, um Frauen in das Apostelamt zu berufen.«
13. Warum sind die feministischen Aussagen um das Geschlecht Jesu und um die Auswahl der Apostel eine Beleidigung für Christus? Nennen Sie mehrere Gründe!
14. Was haben Sie in diesem Kapitel gelernt, das Ihr Denken und Handeln beeinflussen wird?

III. Jesus Christus gibt durch die Apostel Richtlinien für die Ehe

»Je mehr wir in das Thema einsteigen, desto faszinierender wird es!«, rief Tom.

»Ja. Wie der schottische Schriftsteller Thomas Carlyle sagte, ist »die Bibel voll von Unendlichkeiten und Unermesslichkeiten‹. Je mehr man mit der Bibel arbeitet, desto mehr sieht man, wie tiefgreifend sie ist und dass ihr Schreiber nur Gott sein kann. Und eigentlich haben wir bis jetzt bei unserem Thema nur die Oberfläche angekratzt.«

»Was kommt als Nächstes?«, wollte Tom wissen.

»Die christliche Ehe.«

»Haben wir uns denn Jesu Anweisungen für die Ehe nicht schon in Matthäus 19 angesehen?«, fragte Tom.

»Das stimmt, aber Jesus hat noch weitere und ausführlichere Anweisungen für die Ehe durch seine Apostel gegeben.«

»Was meinen Sie damit, durch die Apostel?«

»Nach seiner Auferstehung in den Himmel, hat Jesus sein Werk und seine Lehren durch seine Apostel weitergeführt. Obwohl er selber keine handschriftlichen Dokumente hinterließ, hat er die Apostel auf übernatürliche Art und Weise bevollmächtigt, seine Lehren zu verkündigen und sie schriftlich wiederzugeben. Die Schriften der Apostel zu verstoßen, hieße also, Jesus Christus selber zu verstoßen. Die Apostel zu missachten, heißt Jesus Christus zu missachten.«

»Darüber habe ich mir noch nie Gedanken gemacht«, sagte der erstaunte Tom.

»Tom, die Apostel Petrus und Paulus geben uns die komplette Lehre Jesus zum Thema ›christliche Ehe‹. Beide Apostel lehren die gleiche Stellung der Ehepartner, die männliche Führungsrolle und die Unterordnung der Frau.«

»Mann, die Leute können das Wort ›Unterordnung‹ echt nicht mehr hören! Die Behauptung, dass eine Frau sich ihrem Ehemann unterordnen soll, führt in der Schule zu den heißesten Diskussionen.«

»Ich weiß. Trotz allem ist das immer noch eine christliche Lehre, die wiederholt von den Aposteln gelehrt und verteidigt wird.«

»Ja, ich weiß, dass das da in der Schrift drinsteht«, entgegnete Tom, »aber vielleicht ist das doch auf die damalige Kultur bezogen und hat für uns heute an Bedeutung verloren.«
»So einfach ist das nicht. Sowohl Paulus als auch Petrus beziehen da einen klaren Standpunkt. Paulus, mehr noch als Petrus, vertritt unnachgiebig eheliche Leitung und Unterordnung. Er festigt seine Position durch wirksame Argumente aus dem Schöpfungbericht des Alten Testaments, durch das Beispiel Christi und der Gemeinde, durch das Beispiel der Dreieinigkeit, durch den Befehl Jesu und durch seine eigene Autorität als Apostel.«
»Wow! Das habe ich nicht gewusst«, bemerkte Tom.
»Lass uns nun die grundlegendsten Bibelstellen anschauen. Während wir weitermachen, schreibe dir sorgsam die Schlüsselbegriffe auf, die die Apostel benutzen, um die christliche Ehe zu definieren. Tom, Begriffe sind sehr wichtig. Wenn man lehrmäßige Wahrheiten vermitteln will, kann man nicht einfach irgendein Wort benutzen. Sei dir auch bewusst, dass, wenn du die Bedeutung eines einzigen Wortes veränderst, du die ganze Aussage der Lehre veränderst. Und eines noch: Überlies nicht, was der Apostel über die Aufgabe des Ehemannes aussagt, ganz besonders die Liebe für seine Ehefrau, die der des Christus ähneln soll. Pass auf, dass die ganze Diskussion über die Unterordnung dir nicht den Blick verschleiert für das, was das Neue Testament über die selbstaufopfernde Liebe eines Ehemannes für seine Frau lehrt.«

A. 1. Petrus 3,1-7: Unterordnung und Verständnis

Petrus war einer der zwölf Apostel. Er lebte mit Jesus Christus, hörte ihn lehren, unterhielt sich mit ihm und beobachtete, wie Jesus täglich mit Männern und Frauen umging. Jesus Christus selber beauftragte Petrus, ein Zeuge seines Lebens und seiner Lehren und einer der Gründer seiner Gemeinde zu sein. Als solche sind Petrus' Briefe voller Autorität und unersetzlich. Petrus lehrt uns, was Jesus ihm beigebracht hatte. Dewegen ist es unsere Pflicht, das, was in diesen inspirierten Briefen steht, zu lehren und in die Tat umzusetzen.
Was lehrt Jesus Christus über die Beziehung von Ehemann und -frau? Der folgende Abschnitt aus 1. Petrus 3 macht klar:

3,1 Ebenso ihr Frauen, ordnet euch den eigenen Männern

unter, damit sie, wenn auch einige dem Wort nicht gehorchen, ohne Wort durch den Wandel der Frauen gewonnen werden,

3,2 indem sie euren in Furcht reinen Wandel angeschaut haben.

3,3 Euer Schmuck sei nicht der äußerliche durch Flechten der Haare und Umhängen von Gold oder Anziehen von Kleidern,

3,4 sondern der verborgene Mensch des Herzens im unvergänglichen Schmuck des sanften und stillen Geistes, der vor Gott sehr köstlich ist.

3,5 Denn so schmückten sich auch einst die heiligen Frauen, die ihre Hoffnung auf Gott setzten und sich ihren Männern unterordneten:

3,6 wie Sara dem Abraham gehorchte und ihn Herr nannte, deren Kinder ihr geworden seid, indem ihr Gutes tut und keinerlei Schrecken fürchtet.

3,7 Ihr Männer ebenso, wohnt bei ihnen mit Einsicht als bei einem schwächeren Gefäß, dem weiblichen, und gebt ihnen Ehre als solchen, die auch Miterben der Gnade des Lebens sind, damit eure Gebete nicht verhindert werden.

Petrus weist christliche Ehefrauen an, sich unterzuordnen

Das Thema dieses gesamten Abschnitts des Briefes lautet Unterordnung (1 Petr 2,11-3,12). Schon im 2. Kapitel weist Petrus seine geliebten Leser an: »Unterordnet euch aller menschlichen Einrichtung um des Herrn willen« (2,13). Diese Ermahnung gibt Petrus in Bezug auf den Staat (2,13-14), in einer Diener – Herren Beziehung (2,18-20) und in der Beziehung einer Ehefrau zu ihrem Ehemann (3,1-6). Demzufolge ist Unterordnung also eine christliche Tugend und betrifft nicht nur die Frau. »Männer und Frauen«, so schreibt Clark, »sollen sich in ihrer jeweiligen Position unterordnen.«[49]
Petrus gibt den christlichen Ehefrauen genaue Anweisungen: »Ihr Frauen, ordnet euch den eigenen Männern unter, damit sie, wenn auch einige dem Wort nicht gehorchen, ohne Wort durch den Wandel der Frau gewonnen werden.« Petrus' Ermahnung, sich unterzuordnen, gilt nicht allein Frauen, die ungläubige Ehemänner haben.

Beachten Sie, dass er schreibt, »wenn auch einige« ungläubig sind. Viele, wenn nicht sogar die meisten Ehemänner werden Christen sein; »wenn auch einige« Ungläubige sein mögen, so rät Petrus, diese durch besonders geistliches Verhalten zu gewinnen. Der umgekehrte Fall, wie in Vers 7 beschrieben, zeigt deutlich, dass christliche Ehemänner genauso angesprochen werden. Also, ob eine Frau nun einen gläubigen oder ungläubigen Ehemann hat, sie soll sich ihm auf jeden Fall unterordnen.

Die Bedeutung von Unterordnung (hypotasso)

Das griechische Wort für Unterordnung ist einer der insgesamt vier Schlüsselbegriffe für die Geschlechterproblematik:

- Hilfe/Gehilfin (Hebräisch *'ezer*)
- Unterordnung (Griechisch *hypotasso*)
- Haupt (Griechisch *kephale*)
- Autorität ausüben/innehaben (Griechisch *authenteo*)

Es ist von größter Wichtigkeit, dass diese vier Begriffe richtig verstanden werden. Das griechischen Verb für ›sich unterordnen‹ lautet *hypotasso*. Es bedeutet ›untergeordnet sein‹, ›unterstellt sein‹, ›untergeben sein‹. Das Wort weist immer auf eine Beziehung zwischen einer untergeordneten Position und einer Autorität hin.

Wenn heutzutage jemand in unserer säkularisierten Welt das Verhältnis von Mann und Frau mit dem ›U-Wort‹ (Unterordnung) umschreibt, outet er sich entweder als Chauvinist oder Neandertaler. Viele Leute verbinden Unterordnung mit Steinzeitmenschen, die Frauen an den Haaren herumschleifen, oder befürchten einen Rückfall unserer Gesellschaft ins Mittelalter. In unseren Kulturkreisen kann das Wort kaum noch benutzt werden, ohne Missverständnisse oder pure Verachtung hervorzurufen. Überladen mit negativen und provokativen Begriffsinhalten, ist es aber trotzdem ein biblisches Wort und zudem noch eine christliche Tugend. Wir können ihm nicht aus dem Weg gehen.

Evangelikale Feministen wissen, dass Unterordnung eine christliche Tugend ist, nichtsdestotrotz verfechten sie die ›gegenseitige Unterordnung‹ zwischen Ehemann und Ehefrau. Sie verleugnen jegliche dem Ehemann allein von Gott gegebene Autoritätsposition. Die Überzeugung, dass die Ehefrau eine spezielle Pflicht hat, sich ihrem

Ehemann unterzuordnen, kränkt sie sehr. Deshalb bestreiten sie mit aller Macht, dass eine gläubige Frau sich ihrem Mann auf eine Art und Weise unterordnen soll, die von ihm nicht verlangt wird.
Das Problem liegt aber einfach darin, dass das griechische Wort für Unterordnung nun mal ›sich einer Autorität unterstellen‹ bedeutet. Petrus meint sehr wohl, was er sagt und wählt auch genau das richtige Wort, um seine Botschaft unmissverständlich herüberzubringen. Wayne Grudem, ein Professor für Theologie an der Trinity Evangelical Divinity Schule und zugleich ein führender Vertreter der komplementären Sichtweise, sagt, dass der griechische Ausdruck für Unterordnung »niemals etwas Gegenseitiges ausdrückt«; er drückt immer eine einseitige Beziehung des Untergebenen zum Vorgesetzten aus«.[50] Grudem präzisiert: »In jedem Beispiel, das wir finden können, lautet das Prinzip: Wenn Person A einer Person B untergeordnet ist, hat Person B eine einzigartige Autorität, die Person A nicht hat.«[51] Sehen Sie sich die folgenden Beispiele aus dem Neuem Testament an:

- Jesus war seinen Eltern untertan (Lk 2,51)
- Bürger sollen sich dem Staat unterwerfen (Röm 13,1)
- Dämonen sind den Jüngern untertan (Lk 10,17)
- das Universum ist Christus unterworfen (1Kor 15,27)
- die Gemeinde ist Christus untergeordnet (Eph 5,24)
- unsichtbare Engel, Mächte und Kräfte sind Christus unterworfen (1Petr 3,22)
- die Gläubigen sollen sich Gott unterwerfen (Jak 4,7)
- Gläubige sollen sich ihren geistlichen Leitern unterordnen (1Kor 16,15-16)
- Christus ist Gott dem Vater unterworfen (1Kor 15,28)
- Sklaven sollen sich ihrem Herrn unterordnen (Tit 2,9)
- Ehefrauen sollen sich ihren Ehemännern unterordnen (Eph 5,23)

Beachten Sie bitte, dass die obigen Verhältnisse nie umgekehrt werden. Unter diesen Beziehungen von Leitung und Unterordnung werden Herren nicht ihren Sklaven unterstellt, der Staat soll sich nicht dem Bürger unterwerfen, Christus unterwirft sich nicht den Engeln, Eltern sind nicht ihren Kinder untertan, und Ehemänner sind nicht ihren Frauen untergeordnet; es ist immer andersherum. In einer christlichen Ehe sind die Rollen von Ehemann und -frau (Leiter/Hilfe) weder austauschbar noch bedeutunglos.

Bitte merken Sie sich, dass es verschieden Arten von Unterordnung gibt, welche jeweils eine andere Reaktion des Untergeordneten und des Leiters erfordern. Das Verhältnis von Mann und Frau ist nicht das eines Chefs zu seinem Untergebenen, auch nicht das eines Kommandanten zu einem Soldaten oder das eines Lehrers zu seinem Schüler. Es ist ein Liebesbeziehung, die innigste aller menschlichen Beziehungen. Es ist ein Ehebund, in dem zwei Erwachsene zu einer Einheit zusammenfinden. In dieser Einheit übernimmt ein Partner liebevoll die Führung, während der andere diese Führung bewusst und aktiv unterstützt. Nach 1. Mose 2 besteht die Aufgabe der Frau darin, die Leitung ihres Mannes zu bestätigen. Dies ist eine aktive Aufgabe, keine passive. Sie bedarf Weisheit, sozialer Fähigkeiten, Einsicht, Liebe und Stärke. Lesen Sie einmal Sprüche 31,10-31, um ein biblisches Beispiel für diese aktive Rolle der Hilfe kennen zu lernen.

Weil die Beziehung in einer Ehe sowohl von der Einheit der beiden als auch von den Rollenunterschieden lebt, wird es auch viele gegenseitige Abhängigkeiten geben (siehe besonders 1Kor 7,3-5; 11,11.12). »Innerhalb einer gesunden christlichen Ehe ... wird man sich oft gegenseitig um Rat fragen und die Weisheit des anderen suchen; die meisten Entscheidungen werden von Ehemann und Ehefrau gemeinsam getroffen.«[52] Die Ehepartner sollen sich gegenseitig ergänzen und nicht miteinander konkurrieren.

SCHLÜSSELWORT: UNTERORDNUNG (GRIECHISCH HYPOTASSO)

Im Zusammenhang der ehelichen Beziehung bedeutet das Wort *Unterordnung* (hypotasso) ›untergeordnet sein‹, ›unterstellt sein‹, ›untergeben sein‹. Das Wort weist immer auf eine Beziehung zwischen einer untergeordneten Position und einer Autorität hin. Oder wie Grudem erklärt, dass *hypotasso* »niemals eine gegenseitige Beziehung ausdrückt; es drückt immer eine einseitige Beziehung des Untergebenen zum Vorgesetzten aus«.[53] Er führt weiterhin aus: »In jedem Beispiel, das wir finden können, lautet das Prinzip: Wenn Person A einer Person B untergeordnet ist, hat Person B eine einzigartige Autorität, die Person A nicht hat.«[54] Im Neuen Testament wird niemals dem Mann befohlen, sich der Frau unterzuordnen; immer nur der umgekehrte Fall. Dieser Ausdruck rechtfertigt keine »gegenseitige Unterordnung«.

Die innere Schönheit eines sich unterordnenden Geistes

Im krassen Gegensatz zu der Intoleranz und Abscheu, die unsere säkulare Welt nur noch für den Begriff Unterordnung übrig hat, beschreibt Petrus die Unterordnung einer Frau als eine in Gottes Augen wahre und bleibende Schönheit. Gott bewundert einen »sanften und stillen Geist« in einer Frau und »wenn sie sich ihrem Mann unterordnet« (V. 4+5). Diese kostbaren Charaktereigenschaften stammen von dem Glauben der Frau an Gott und nicht aus der Furcht vor ihrem Mann oder der Gesellschaft (V. 5+6).

Im Gegensatz zu ihrer inneren geistlichen Schönheit warnt Paulus gläubige Frauen vor allzuviel Aufhebens um ihre äußere und körperliche Schönheit. Er spricht dabei die Kleidung an, Frisuren, Schmuck und Kosmetika: »Euer Schmuck sollte nicht rein äußerlich sein – Flechten der Haare und Umhängen von Gold oder Anziehen von Kleidern.« Petrus sagt nicht, dass eine Frau keine Kleider tragen sollte oder ihre Haare nicht flechten dürfe. Was er sagt, ist, dass eine christliche Ehefrau sich in erster Linie um ihre innere Schönheit bemühen sollte, sowie um einen edlen Charakter, ihre innere Einstellung, ihr wahres Ich oder um »den verborgenen Menschen des Herzens«. Und das viel mehr als um ihr äußeres Auftreten, was einfach zu oft überbetont wird.

Die Grenzen der Unterordnung

Im Zusammenhang der christlichen Gemeinschaft und des Neuen Testaments regelt das Prinzip der Leitung und Unterordnung das Gefüge innerhalb der Ehe (1Mo 2, Leiter/Hilfe), also welche Position die Ehefrau ihrem Mann gegenüber einnehmen soll. Jedoch wird nirgendwo der Ehemann aufgefordert, seine Frau zur Unterordnung zu zwingen. Vielmehr hilft die gläubige Ehefrau ihrem Mann und ordnet sich seiner Leitung ganz freiwillig unter, weil sie glaubt, dass dies Gottes Plan für sie innerhalb der Beziehung ist.

Des weiteren ist die Unterordnung einer gläubigen Frau weder hirnlos oder blind noch wird sie versklavt. Solch eine Unterordnung stellt gewiss keine Schönheit dar. Die weltweit kaum menschenwürdige Behandlung der Frauen ist eine heidnische Perversion der Unterordnung. Das christliche Konzept von Unterordnung sieht nicht vor, dass:

- die Ehefrau minderwertig ist
- die Ehefrau sich passiv zu verhalten hat und jeglichen Gedanken an Unabhängigkeit aufgibt
- der Ehemann die Kreativität, Gaben und Individualität seiner Frau im Keim erstickt
- die Ehefrau alles zu tun hat, was ihr Mann verlangt und andernfalls unterdrückt wird
- die Ehefrau die Sünden und Verantwortungslosigkeit ihres Mannes zu unterstützen hat
- die Ehefrau mit einem psychopatischen und sie misshandelnden Mann zusammenleben muss.

Die biblische Unterordnung beseitigt nicht die biblischen Prinzipien der Gerechtigkeit, Fairness, Liebe, Güte und Mitleid, die jeder Christ – Männer wie Frauen – in seinem Leben und seiner Ehe praktizieren sollte. Petrus schließt seine Ermahnungen zur Unterordnung mit folgenden Worten ab, die auch die Ehe betreffen: »Endlich aber seid alle gleichgesinnt, mitleidig, voll brüderlicher Liebe, barmherzig, demütig, und vergeltet nicht Böses mit Bösem oder Scheltwort mit Scheltwort, sondern im Gegenteil segnet, weil ihr dazu berufen worden seid, dass ihr Segen erbt« (3,8-9). Dies ist ein wunderbarer Rat für die Ehe von Mann und Frau.
Wichtig ist auch, sich zu merken, dass kein Ehemann die letzte Instanz ist, sondern nur Christus allein. Eigentlich bräuchte man nicht zu erwähnen, dass eine christliche Ehefrau niemals auf ein böses Verlangen ihres Ehemannes eingehen oder bei sündigen Plänen mitmachen muss (Apg 5,1-10). Die Ehefrau ist biblisch verpflichtet, ihren Mann mit seiner Sünde zu konfrontieren (Mt 18,15) und ihn deswegen zu ermahnen (Kol 3,16). Sie kann nicht seine von Gott geschenkte Hilfe sein (1Mo 2,18), wenn sie ihn nicht auch korrigiert, aber ihre Einstellung sollte dabei immer die eines liebevollen und sich unterordnenden Partners sein. Unter gewissen schlimmen Umständen muss eine gläubige Frau sich vielleicht sogar von ihrem boshaften Mann trennen oder scheiden lassen (Mt 19,9).
Ein kurzes Beispiel: Petrus bezieht den Standpunkt, dass eine gläubige Frau, die mit einem ungläubigen Ehemann verheiratet ist, die Freiheit und sogar die Pflicht hat, anders zu denken und zu glauben als ihr Mann. Sie soll versuchen, ihren Ehemann zu Christus zu führen. Jesus Christus ist der Herr, deshalb gilt die Loyalität einer Frau

als erstes und hauptsächlich ihm und nicht ihrem Ehemann. Petrus rät einer gläubigen Frau, »Gutes« zu tun und auch nicht vor einem feindseligen Ehemann zurückzuschrecken (V. 6). Sie wird sich in allem Respekt und aller Weisheit weigern, den falschen Gott ihres Ehemanns anzubeten oder seiner falschen Lehre Glauben zu schenken.

Petrus belegt Unterordnung anhand des Alten Testaments

Petrus' Lehren über die Unterordnung sind keine Zugeständnisse an die vorherrschenden römisch-griechischen Ehebräuche. Auch stützt er sich nicht auf die in dieser Region vorherrschenden ethischen Regeln oder auf die stoische Philosophie. Stattdessen folgt er dem Beispiel Jesu, was die Auslegung der Bibel angeht. Genau wie auch schon Jesus den Schöpfungsbericht der Ehe herangezogen hat, um ein vollkommenes Beispiel für die Ehe darzustellen, so gebraucht auch Petrus das erste Buch Mose, um seine Lehren zu untermauern.

Petrus ermahnt die gläubigen Ehefrauen, wie die gottgefälligen Frauen des Alten Testaments zu leben, die Gott vertrauten und sich ihren Ehemännern unterordneten. Diese Frauen setzten den Standard, an denen Christinnen ihre eigenen Einstellungen messen sollten. Als Vorbild nennt Petrus Sarah, die Frau Abrahams, die ein Beispiel von gottergebener Unterordnung ist. Sie »gehorchte« ihrem Mann und nannte ihn »Herr«, was damals ein Ausdruck von Respekt und Ehrerbietung war.

Auch hier ist es wichtig zu beobachten, dass Sarahs Unterordnung von Petrus nicht als ein Teil des Fluches (1Mo 3,16) ausgelegt wird. Vielmehr betrachtet er es als ein Vorbild, das auch von Gott wohlwollend bestätigt wird. Sarah hat ihre Rolle als Ehefrau so erfüllt, wie Gott es vorgesehen hatte.

Petrus ermahnt gläubige Ehemänner, ihre Frauen zu ehren und verstehen zu wollen

In 1. Petrus 3,7 steht eine nicht minder wichtige Botschaft für gläubige Ehemänner. Gerade weil der Mann in der Ehe eine einzigartige Führungsrolle übernimmt, muss er diese Autorität in klar erkennbarer christlicher Liebe ausüben.

Seien Sie ein verständnisvoller Ehemann

Das Erste, was Petrus den Ehemännern ans Herz legt, ist ›Einsicht‹ zu haben. Dieses Wort ›Einsicht‹ ist eine gute Wiedergabe des Griechischen. Wörtlich schreibt Petrus: »Nach dem besten Wissen zusammenleben.« Das heißt also, dass das Zusammenleben mit einer Frau etwas ist, »was ein Mann *verstehen* muss, um es zu können«.[55] Ein Christ muss also, was seine Frau anbetrifft, ein lernender Schüler sein. Er sollte nach Einsicht, Selbstkontrolle, Liebe, Geduld, Gnade und Weisheit streben, um ein verständnisvoller Ehemann zu sein. Eheleute leben zusammen und teilen die intimsten Dinge des Lebens – Sexualität, Gefühle, Finanzen und ihr geistliches Leben. Damit dieses nahe und intime Zusammenleben von Erfolg gekrönt ist, muss man sehr viel Energie und Weisheit verwenden. Es verlangt auch ein Verständnis von Gottes Entwurf einer ehelichen Beziehung, besonders aber von Gottes Absichten in Bezug auf Leitung und Unterordnung.

Manche Männer haben trotz allem keinen blassen Schimmer, wie man eine Frau behandeln sollte. Sie ignorieren die Nöte und Gefühle ihrer Frau. Sie verstehen nicht ihre Frustrationen und ihren Kummer. Sie betrügen sich selber. Sie denken nur an ihre eigenen Karrieren und Selbsterfüllung. Sie demonstrieren ein unglaubliches Maß an Selbstsucht und Grausamkeit. Sie sind einzig und allein im Stande, eine Frau leiden zu lassen. Solche Männer müssen Buße tun, Seelsorge suchen und Gottes Wort zum Thema Ehe lesen. 1. Petrus 3 wäre für sie jedenfalls eine gute Stelle, um anzufangen.

Erweisen Sie ihrer Frau Ehre

Ein gläubiger Ehemann sollte seiner Frau auf ganz besondere Art Ehre erweisen. Petrus schreibt: »gebt ihnen Ehre«. Viel zu viele Ehemänner geben ihren Frauen das Gefühl, wertlos und wenig wertgeschätzt zu sein. Sie nehmen ihre Partnerin als selbstverständlich hin; sie schüchtern sie ein, demütigen sie, kritisieren sie und machen sie nieder. Andere Männer versuchen, ihre Frauen wie ein kleines Kind zu kontrollieren, während andere wiederum sie einfach vernachlässigen. Das ist nicht das Verhalten eines Christen; so verhält sich nur ein Ungläubiger.

Ein Christ ehrt seine Frau gerne und bereitwillig. Er weiß, dass sie wirklich einen Ehrenplatz verdient. Also spricht er auch gut über sie und mit ihr. Er schätzt ihren Rat und bittet sie, ihn zu korrigieren. Er erinnert sie daran, dass sie ein nicht wegzudenkender Teil seines Lebens ist, ein besonderes Geschenk des Herrn und dass ihr Wert »weit über Korallen geht« (Spr 31,10). Petrus zählt drei Gründe auf, warum man seine Frau verstehen und ehren soll:

Das schwächere Gefäß

Petrus erinnert den Ehemann daran, dass seine Frau das schwächere Gefäß ist. Dadurch setzt Petrus sie nicht herab. Auch der Mann ist ein Gefäß. Er meint damit einfach ›Mensch‹. Petrus nennt sie außerdem nicht »die Ehefrau«, sondern »die Frau«, »das Weibliche«. Das soll den Ehemann an die weibliche Natur seiner Frau erinnern. Sie ist kein Mann. Gott erschuf sie mit einzigartigen Unterschieden. Diese Unterschiede muss der Mann erkennen, wenn er seine Frau verstehen und ehren will.

Eben weil die Frau der schwächere der beiden Partner ist, sollte sie mit besonderer Ehrerbietung behandelt werden. Sie ist leichter verletzbar durch körperliche, sexuelle und emotionale Misshandlungen, durch gemeine Behandlung und Vernachlässigung. Deshalb gibt es in den meisten Städten auch Heime, in denen Frauen vor häuslicher Gewalt eine Zuflucht finden können, was auf der ganzen Welt zu einem immer größeren Problem wird. Auf der anderen Seite ist der Mann körperlich stärker, aggressiver und weniger feinfühlig. Ein Christ muss sich also der schwächeren Position seiner Frau wohl bewusst sein und darf dies auf gar keinen Fall zu seinem Vorteil ausnutzen. Petrus' Ausführungen leugnen nicht die Stärke und Fähigkeiten einer Frau (Spr 31,10-31). Er erinnert nur die Männer an die weibliche Natur ihrer Frauen und ermutigt sie, ihnen mehr Verständnis zu zeigen und sie zu ehren.

Gleichgestellt vor Gott

Petrus erinnert die Ehemänner daran, dass ihre Frauen »auch Miterben der Gnade des Lebens« sind. Zwar ist die Frau das schwächere Gefäß, wenn man von ihrer ehelichen Situation auf der Erde spricht, aber was ihr geistliches Leben und ihre geistliche Zukunft angeht, ist sie keinesfalls schwächer. Die Frau ist neben ihrem Ehemann eine Mit-Erbin der Erlösung und des ewigen Lebens (1,3-9) und ist somit im Bezug auf den Glauben auf die gleiche Stufe gestellt wie er. Alle gläubigen Frauen gehören wie die gläubigen Männer zum »königlichen Priestertum«, zur »heiligen Nation« und sind Gottes »Volk zum Besitztum« (2,9).

Göttliche Konsequenzen

Petrus warnt die Ehemänner, dass, wenn sie ihre Frauen nicht ehren, ihre Gebete nicht erhört werden. Kein Mann kann es sich leisten, dass seine Gebete von Gott nicht erhört werden können (Vers 12). Diese Reaktion ist eine göttliche Strafe.
Gott meint es ernst damit, dass ein Mann seine Frau ehren soll. Ein gläubiger Ehemann kann seine Frau nicht einfach rau behandeln oder sie vernachlässigen und gleichzeitg heilig vor Gott sein. Gott wird einem heuchlerischen Ehemann kein Gehör schenken, der salbungsvoll vor der Gemeinde betet, aber zu Hause seine Frau schlecht behandelt.
Kurzum, die gläubige Ehefrau soll sich ihrem Mann unterordnen, der gläubige Ehemann soll auf die Bedürfnisse seiner Frau eingehen und ihr Ehre erweisen. Denn dies sind die Lehren unseres Herrn, niedergeschrieben durch den Apostel Petrus.

B. Epheser 5,21-33: Unterordnung, liebevolle Führung und ein Fleisch sein

Paulus war zwar nicht einer der Zwölf, war aber trotzdem ein Apostel. Noch als Paulus im Leib seiner Mutter war, wählte Gott ihn für seine besondere Aufgabe aus, nämlich als Prediger und Lehrer Christi zu den Nationen zu gehen (Gal 1,15-16). Auf der heute weltberühmten Straße nach Damaskus erschien ihm der auferstandene und verherrlichte Christus und ernannte Saulus auf dramatische Art und Weise zu seinem Apostel.
Wie auch die Zwölf, so war Paulus ein offizieller Vertreter Christi; er konnte Befehle erteilen und Gehorsam verlangen. Deshalb sind die Weisungen Paulus für die gläubigen Frauen die Weisungen Christi. Gerade im Zusammenhang mit der Frauenfrage in der Gemeinde schreibt Paulus: »Wenn jemand meint, ein Prophet oder sonst ein Geistbegabter zu sein, so erkenne er, dass das, was ich euch schreibe, *ein Gebot des Herrn ist*« (1Kor 14,37, Hervorhebungen hinzugefügt). Genauso wenig wie Petrus unterstützt Paulus Sexismus und Frauen-

feindlichkeit, wenn er in dem Verhältnis von Mann und Frau von Leitung und Unterordnung spricht. Diese beiden Männer sind von Christus ernannte Botschafter, um Gottes Plan für die Rolle der beiden Geschlechter zu lehren. Ihnen nachzusagen, dass sie Menschenhasser seien, hieße, das Gleiche von Christus zu behaupten.

Paulus war ganz bestimmt kein – wie manche behaupten – frustrierter, alter, chauvinistischer Rabbi, der Angst vor Frauen hatte. Paulus als einen engstirnigen, hasserfüllten Mann zu beschreiben, verzerrt die historischen Fakten. Die Aufzeichnungen des Neuen Testaments zeigen Paulus als einen Mann mit großem Intellekt und weitreichenden kulturellen Erfahrungen. Weiterhin dokumentieren sie ihn als mitleidsvoll, vollkommen selbstaufopfernd, demütig, feinfühlig im Umgang mit anderen, und – über all das hinaus – voller Liebe. Diese Liebe charakterisiert Paulus' Einstellung Frauen gegenüber, die von Christi Einstellung zu Frauen geformt wurde. Darum kann er zuversichtlich zu den Neu-Bekehrten sagen: »Seid meine Nachahmer, wie auch ich Christi Nachahmer bin« (1Kor 11,1).

Paulus, der gleiche Mann, der Frauen gebietet, sich ihren Männern unterzuordnen, verfasste die berühmtesten Worte über die Liebe, die je geschrieben wurden: »Wenn ich in den Sprachen der Menschen und der Engel rede, aber keine Liebe habe, so bin ich ein tönendes Erz geworden oder eine schallende Zimbel. Und wenn ich Weissagung habe und alle Geheimnisse und alle Erkenntnisse weiß und wenn ich allen Glauben habe, so dass ich Berge versetze, aber keine Liebe habe, so bin ich nichts« (1Kor 13,1-2). Mehr noch, ein Frauenhasser würde niemals einem Ehemann gebieten, seine Frau mit der selbstaufopfernden Liebe Christi zu lieben und jederzeit bereit zu sein, für sie zu sterben, so wie Paulus es an die Epheser schrieb (lesen Sie auch 1Kor 7,4-5).

Wir werden uns nun kurz fünf paulinische Texte über die Ehe anschauen (Eph 5,21-33; Kol 3,18; 19,1; 1Kor 7; Tit 2,4-5; 1Tim. 3,4-5), und fangen dabei mit Epheser 5 an. Diese Stelle ragt unter den anderen Passagen über die christliche Ehe heraus. Sie könnte zu der grundlegendsten überhaupt in unseren Nachforschungen über die Geschlechter werden. Diese Bibelstelle sollte in jedem Ehevorbereitungskurs durchgesprochen werden und gehört eigentlich auf jede Traufeier.

Dieser überragende Text definiert die Struktur einer jeden christlichen Ehe: eine fleischliche Vereinigung von Mann und Frau, die von der freiwilligen Unterordnung der Frau und der liebevollen Führung des Mannes und seiner Sorge für sie charakterisiert wird. Das perfekte Beispiel für diese eheliche Vereinigung ist die Einheit der Gemeinde und Christus, in der Christus das liebende Haupt darstellt und die Gemeinde sich ihm in allem unterordnet.

Daher definiert Gott die Ehe als eine Einheit, in denen den beiden Partnern eine unterschiedliche Rolle zugewiesen wird. Diese Unterschiede in einer Ehe zu leugnen, hieße, das von Gott gewollte Modell der Ehe über den Haufen zu werfen. Mehr als jede andere Bibelstelle hebt Epheser 5 dies deutlich hervor.

Überdies ist laut Epheser 5 der Schlüssel für eine Beziehung mit Leitung und Unterordnung die Liebe. Ohne Liebe verpufft diese Lehre lautlos und wandelt sich in männlichen Chauvinismus. Darum ist es von absoluter Notwendigkeit, dass die ganze Botschaft dieser Bibelstelle verstanden wird.

Der erste Schritt einer genauen Bibelauslegung beginnt mit sorgfältigem und wiederholtem Lesen des betreffenden Bibeltextes. Nehmen Sie sich die Zeit und lesen Sie die unteren Verse des Epheserbriefs methodisch und konzentriert durch.

5,21 Ordnet euch einander unter in der Furcht Christi,
5,22 die Frauen den eigenen Männern als dem Herrn!
5,23 Denn der Mann ist das Haupt der Frau, wie auch Christus das Haupt der Gemeinde ist, er als des Leibes Heiland.
5,24 Wie nun die Gemeinde sich dem Christus unterordnet, so auch die Frauen den Männern in allem.
5,25 Ihr Männer, liebt eure Frauen, wie auch der Christus die Gemeinde geliebt und sich selber für sie hingegeben hat,
5,26 um sie zu heiligen, sie reinigend durch das Wasserbad im Wort
5,27 damit er die Gemeinde sich selbst verherrlicht darstelle, die nicht Flecken oder Runzel oder etwas dergleichen habe, sondern dass sie heilig und tadellos sei.

Paulus weist die Frauen an, sich ihren Ehemännern unterzuordnen

Ohne ein Blatt vor den Mund zu nehmen gibt Paulus den gläubigen Frauen die Anweisung, sich ihren Männern unterzuordnen: »Die Frauen den eigenen Männern als dem Herrn« (Vers 22). Das griechische Wort für »sich unterordnen« (hypotasso) ist das gleiche Wort, das schon in 1. Petrus 3,1 verwandt wurde. Es bedeutet »in einer Beziehung zu jemanden die untergeordnete Rolle zu übernehmen«.[56] Der Bibelausleger George Knight III., früherer Professor für neutestamentliche Studien am Knox Theological Seminary, legt die Unterordnung der Frau in Epheser 5 und Kolosser 3 folgendermaßen aus: »Die an dieser Stelle angeführte Ermahnung an die Frau, sich ihrem Mann unterzuordnen, ist eine generelle Lehre des Neuen Testaments. Denn alle Texte, die sich mit der Beziehung der Frau zu ihrem Mann beschäftigen, belehren sie, sich ihm unterzuordnen und gebrauchen alle das gleiche Verb dafür (*hypotasso*): Epheser 5,22; Kolosser 3,18; 1. Petrus 3,1 und Titus 2,4ff.«[57]

Manche Ausleger bestehen darauf, dass Epheser 5 eine gegenseitige Unterordnung von Mann und Frau lehrt. Sie zitieren Epheser 5,21: »Ordnet euch einander unter in der Furcht Christi«, und schließen daraus, dass sich der Mann seiner Frau genauso unterordnen muss, wie sich ihm seine Frau unterordnet. Diese Auslegung ist jedoch ein Trugschluss. Man kann nicht Vers 21 benutzen, um damit die klare Aussage der Verse 22 und 23 einfach aus dem Weg zu räumen. Es gibt keinen Widerspruch zwischen diesen Versen. Was mit ›einander unterordnen‹ gemeint ist, steht sehr klar in den nachfolgenden Versen. Und da steht in der Tat, dass die Frau dem Mann untergeordnet ist.

Natürlich ist auch gemeint, dass der Ehemann als der von Gott bestimmte Leiter sich dem Rat, der Ermahnung und den Wünschen seiner Frau fügen sollte. Wahre Liebe ordnet sich unter – opfert sich selbst um das Wohl des anderen (siehe auch 1Kor 7,3-5). Aber die Opfer einer Christus ähnlichen Liebe beseitigen nicht das Gefüge von Leitung und Unterordnung in der Ehe. Der Ehemann hat trotz allem eine Autorität, die die Frau nicht hat, aber der sie sich in aller Gottesfurcht willig unterstellt.

Epheser 5,21 und die gegenseitige Unterordnung

Erstens, das Verb ›unterordnen‹ beinhaltet, wie ja schon in der Auslegung von 1. Petrus 3,1 erläutert, immer eine einseitige Unterordnung, keine gegenseitige.

Zweitens, das griechische Pronomen für ›einander‹ kann entweder ›jeder unter jeden‹ bedeuten (etwas, was jede einzelne Person gegen jede andere Person tun kann), oder aber »die einen unter die anderen«. In unserem Fall muss aus dem

Kontext heraus und wegen dem Verb ›sich unterordnen‹ die Bedeutung »die einen gegen die anderen« gewählt werden, also die Frauen unter die Männer.

Der Zusammenhang zeigt uns drei Personengruppen, über die Paulus besorgt ist. Paulus zeigt auf, wem in diesen Gruppen die Leitung gebührt und wer sich unterordnen soll – die Frauen ihren Männern (5,22), die Kinder ihren Eltern (6,1) und die Sklaven ihren Herren (6,5). Vers 21 ist also nicht einfach aus der Luft gegriffen, sondern wird im Kontext der folgenden Verse (5,22-6,9) erklärt und veranschaulicht. Demnach erlaubt der Zusammenhang nicht die Auslegung einer gegenseitigen Unterordnung von Ehepartnern, genauso wenig, dass sich Eltern ihren Kinder unterordnen bzw. Herren ihren Dienern.

Drittens, wenn Paulus in dieser männer-dominierten Welt des ersten Jahrhunderts vorgehabt hätte, christliche Ehepaare zu lehren, dass der Ehemann sich seiner Frau genauso unterzuordnen hätte, wie sich seine Frau ihm unterordnen soll, hätte er auf ganzer Linie versagt. Tatsächlich hat er genau das Gegenteil ausgezeichnet vertreten. Mit grandiosen Vergleichen beschreibt Paulus ausführlich, dass die Frau sich ihrem Ehemann so unterordnen soll, wie die Gemeinde sich Christi unterordnet, und dass der Ehemann das Haupt der Beziehung ist, gleich wie Christus das Haupt der Gemeinde ist. Das wäre wirklich eine seltsame Vorgehensweise gewesen, um gegenseitige Unterordnung zu lehren, falls er das wirklich vorgehabt hätte. Natürlich musste ein gläubiger Ehemann des ersten Jahrhunderts auch unmissverständlich gesagt bekommen, dass er in der Beziehung zu seiner Frau auch manchmal den unteren Weg gehen sollte, aber das wurde ihm nicht in Epheser 5,23-33 gesagt.

Sich ›als dem Herrn‹ unterordnen

Eine gläubige Ehefrau soll sich ihrem Ehemann »als dem Herrn« unterordnen. Gemeint ist hier natürlich Jesus Christus. George Knight kommentiert: »Der Vergleich ›als dem Herrn‹ fasst zusammen, wie die Unterordnung, mit der ein Christ seinem Herrn gegenübertritt, charakterisiert sein sollte und auch ist. Diese Qualifikation sagt doch

schon alles.«[58] Dieser kleine Vergleich lehrt uns, dass die eheliche Unterordnung der Frau ein Teil ihrer Unterordnung gegenüber dem Herrn Jesus Christus ist.
Also bekräftigt Jesus dieses Prinzip und möchte, dass sie sich ihrem Mann genauso unterordnet, wie sie sich auch ihm unterordnen würde.

Schwerwiegende theologische Gründe für die Unterordnung

Epheser 5 ist ungemein wichtig für unser Thema, denn diese Stelle begründet, warum die Frau sich überhaupt unterordnen soll. Nachdem Paulus die Frauen zur Unterordnung ermahnt hat (V. 22), gibt er sofort die Begründung: »Denn der Mann ist das Haupt der Frau, wie auch der Christus das Haupt der Gemeinde ist« (V. 23). Beachten Sie die nächsten zwei Argumente:

Der Ehemann ist das Haupt

Die Schrift sagt nicht, das der Ehemann das Haupt der Frau sein *sollte*, sondern dass er das Haupt *ist*. Neuers ausgezeichneter Kommentar darf an dieser Stelle nicht fehlen:

> Genauso wenig wie man sich zu Jesus Christus bekennen kann, ohne seinen Herrschaftsanspruch zu bestätigen, kann man die Männlichkeit bekennen, ohne die männliche Leiterschaft zu bestätigen. Wenn Männer sich vor dieser Verantwortung drücken oder ihr aus dem Weg gehen, rebellieren sie gegen den Plan Gottes und leben im Widerspruch zu ihrer männlichen Natur. Gott stellte den Ehemann in ähnlicher Weise über die Frau, in der er Christus über die Gemeinde gesetzt hat.[59]

Die Leiterschaft des Mannes begründet sich auf der Leiterschaft Christi

Der Ursprung der Leiterschaft des Mannes ist nicht in der römischen Kultur des ersten Jahrhunderts begründet, er liegt vielmehr in Christus selbst und in seiner Gemeinde. Dieses ist das stichhaltigste Argument dafür, dass die Leitung in einer christlichen Ehe nicht kulturell bedingt ist, sondern ein konkreter Plan Gottes: Der Mann ist das Haupt der Frau, so wie Christus das Haupt der Gemeinde ist. Christus und seine Erlösten, die Gemeinde, sind die Basis und die Motivation für die Unterordnung der Frau und die Leitung des Mannes. Das perfekte Vorbild für eine Ehe ist die Beziehung von Christus und seiner Gemeinde.

Das Wort »Haupt« ist eines der vier Schlüsselbegriffe in der Diskussion um die Rollenverteilung der Geschlechter. Um in dieser Debatte voranzukommen, müssen wir die Bedeutung dieses Wortes richtig verstehen.

Das griechische Wort für »Haupt« ist *kephale*. Ein gebräuchliches griechisches Wort für den tatsächlichen Kopf eines menschlichen Körpers, aber oft auch im übertragenen Sinn als eine Art Metapher gebraucht. ›Jemand mit Autorität‹ oder ›Leiter‹. Weil der physische Kopf oben auf dem Körper ist und den restlichen Körper dirigiert, wird *Haupt* also verständlicherweise als eine Metapher für Leiterschaft oder Autorität benutzt. Auch wir benutzen in unserem Alltag diese Metapher, z.B. in ›Hauptstadt‹, ›Hauptgebäude‹ oder ›Haupteingang‹.

Christus wird das »Haupt aller Dinge« genannt. Auch in Epheser 1,22 steht: »Und alles hat er (Gott) seinen (Christus) Füßen unterworfen, und ihn als Haupt über alles der Gemeinde gegeben.« Wenn also Paulus die klare Aussage trifft, dass der Mann das Haupt der Frau ist, meint er damit, dass der Mann der Leiter und die Autoritätsperson dieses Haushalts sein soll. Als Leiter führt er die Familie an und ist letztendlich für deren Wohl verantwortlich. Die Frau sollte sich also ihrem Mann unterordnen, weil er das von Gott ernannte Haupt ist.

Feministische Ausleger protestieren gegen diese Schlussfolgerung. Sie weigern sich, das Wort »Haupt« als »jemand mit Autorität« zu übersetzen. Sie behaupten, dass das Wort »Haupt« in Epheser 5,23 vielmehr mit «Ursprung« oder »Lebensquelle« übersetzt werden müsse und nichts mit Autorität zu tun habe. Sie glauben somit, dass der Ehemann eine Quelle selbstaufopfernder Liebe, Dienst und Hilfe für die Frau ist. In den Worten von Rebecca Groothuis, »ordnet sich die Frau dem Leben unter«.[60]

Wayne Grudem versteht die Wichtigkeit der korrekten Übersetzung des Wortes »Haupt«[61] und bezeugt: »Ich habe einmal 2300 Beispiele des Wortes ›Haupt‹ (*kephale*) im Alt-Griechischen nachgeschlagen. In diesen Texten wird *kephale* für viele Leute gebraucht, die eine Machtposition innehaben, aber für niemanden ohne Autorität.«[62] Er schließt daraus: »In der griechisch-sprachigen Welt bedeutet das Haupt einer Personengruppe zu sein immer, auch Autorität über diese Leute auszuüben.«[63]

Grudem sagt weiter, dass, wenn jemand meine, dass das Wort »Haupt« ohne jegliche Andeutung von Autorität auch mit »Quelle« oder »Ursprung« übersetzt werden könne, man dieser Person folgende Frage stellen sollte: *»Sie behaupten, dass die griechische Übersetzung für »Haupt« eine ›Quelle ohne Autorität‹ bedeutet; könnten Sie mir dann bitte ein einziges Beispiel in irgendeinem griechischen Text aufzeigen, in dem das Wort (kephale) sich auf eine Person bezieht und das bedeutet, was Sie behaupten, nämlich ›Quelle ohne Autorität‹?«*[64] Grudem schließt mit dem Gedanken:

> Wo auch immer von jemandem gesagt wird, dass er das »Haupt« einer anderen Person (oder Personen) ist, geht man durchweg davon aus, dass dieses »Haupt« derjenige mit der Autorität ist (so wie der General einer Armee, der römische Kaiser, Christus, das Haupt der Stämme Israels, David als das Haupt des Volkes, usw.). Ich betone ausdrücklich, es gibt keinen einzigen Text [in der griechischen Literatur], in dem eine Person A »Haupt« einer Person oder Personen B genannt wird, und damit nicht auch gleichzeitig die Autorität über diese Person oder Personen hat.[65]

Auch zeigt ja schon der ganze Zusammenhang von Epheser 5,21-6,9, in dem es um Leitung und Unterordnung bei Mann und Frau, Eltern und Kindern, Herren und Dienern geht, was mit dem Wort »Haupt« gemeint sein muss.

In Vers 22 wird die Frau angewiesen, sich ihrem Ehemann unterzuordnen, da er »das Haupt der Frau« ist. Das kann nur bedeuten, dass der Ehemann derjenige mit der Autorität ist (Haupt). Andernfalls wäre die Anweisung, sich unterzuordnen, vollkommen bedeutungslos. Wie ein Bibellehrer treffend bemerkt: »Wenn man darauf besteht, dass das Prinzip von Unterordnung unter das Haupt in Epheser 5,2-33 nichts mit Autorität zu tun hat, tut man dem Text rohe Gewalt an.«[66]

SCHLÜSSELWORT: HAUPT (GRIECHISCH FÜR KEPHALE)

Das Wort *Haupt* (kephale) heißt im übertragenen Sinne »jemand mit Autorität« oder »Leiter«. Wenn die Schrift sagt, dass »der Mann das Haupt der Frau ist«, bedeutet dies, dass er von den beiden der Führer ist, die Autoritätsperson. Das Wort »Haupt« kann nicht mit »Quelle« oder »Ursprung« übersetzt werden.

Die Unterordnung der Frau ist vergleichbar mit der Unterordnung der Gemeinde

Der Ursprung der Unterordnung der Frau liegt nicht in der römischen Kultur des ersten Jahrhunderts, sondern in Christus und seiner Gemeinde. Paulus schreibt, dass die Frau sich ihrem Mann unterordnen soll »wie nun die Gemeinde sich dem Christus unterordnet« (V. 24). In einer Ehe stellt die Frau die Gemeinde dar, die sich freiwillig unter Christi Leitung stellt, während der Ehemann Christus repräsentiert, der sich selbst aus Liebe für die Gemeinde hingegeben hat.

Paulus gebietet den Männern, ihre Frauen zu lieben wie Christus die Gemeinde geliebt hat

Bis jetzt haben wir uns in der Epheser-Stelle auf die von Paulus gelehrte Unterordnung der Frau konzentriert (Eph 5,22-24). Jetzt wenden wir uns Paulus' Ermahnung zu, dass die Männer ihre Frauen lieben sollen (Eph 5,25-32). Der Text in Epheser 5 lehrt uns erstaunliche Grundlagen; aber eine der wohl revolutionärsten Aussagen ist, dass gläubige Männer ihre Frauen so lieben sollen, wie Christus die Gemeinde geliebt hat. David Martyn Lloyd-Jones erklärt gekonnt, wie bahnbrechend dieses neue Gebot war:

> Diese Lehre des Apostels war eine der außergewöhnlichsten, die jemals zu Papier gebracht worden waren. Wenn wir uns mit der heidnischen Ehepraxis beschäftigen, und besonders dem typischen Verhalten eines Mannes gegenüber seiner Frau – das sehen wir nicht nur bei den Heiden, sondern auch im Alten Testament –, dann begreifen wir erst, wie revolutionär diese neue Lehre war und was für weitreichende Veränderungen darin inbegriffen waren.[67]

Es ist tragisch, dass es tatsächlich Christen gibt, die glauben, dass diese Leiterschaft die eines Diktators oder Befehlsherren ist – und sich entsprechend verhalten. Und so wurde diese biblische Lehre ausgebeutet, um den körperlichen und seelischen Missbrauch von Frauen zu rechtfertigen. Frauen wurden »unten gehalten«, erniedrigt und kontrolliert, mussten sich zu Tode schuften oder wurden vernachlässigt. Gläubige Ehemänner, die ihre Frauen missbrauchen oder vernachlässigen, haben keine Ahnung von einer echten christlichen Ehe.

Sie verstehen nicht das Prinzip der liebevollen, dienenden Leiterschaft und ganz sicher verstehen sie auch nichts von Epheser 5.
In Epheser 5 wird dem Ehemann nicht geboten, seiner Frau Befehle zu erteilen oder sie zu beherrschen. Auch wird ihm nicht gesagt, er solle seine Frau zur Unterordnung zwingen. Vielmehr wird ihm geboten, so zu lieben, wie Christus es getan hat. Die weisen Worte eines Theologen drücken es so aus: »Die Berufung des Mannes als Leiter heißt nicht, dass immer der Wille des Mannes die Oberhand haben muss. Paulus lehrt auch nicht, dass der Mann immer seinen Kopf durchsetzen darf, sondern dass er aus Liebe auch Opfer bringen muss.«[68] Der produktive Schriftsteller und Pastor John Piper vermittelt uns die richtige Einstellung, indem er sagt: »Jener Ehemann, der sich in den Fernsehsessel plumpsen lässt und seine Frau wie eine Leibeigene herumkommandiert, hat nicht Christus zum Vorbild, sondern benimmt sich wie ein Pascha.«[69]
Eine weitere häufige Zweckentfremdung des Textes, der man entgegenwirken muss, ist das Predigen über die Unterordnung der Frau, ohne genauso die Männer an ihre Pflicht zu erinnern, ihre Frauen zu lieben wie Christus die Gemeinde geliebt hat. Viele chauvinistische Männer haben die Gabe, den Befehl an die Männer aus Epheser 5 komplett zu ignorieren, während sie sich ausgiebig über die Unterordnung der Frau auslassen. Sie scheinen zu glauben, dass »Frauen ordnen sich unter« das einzige sei, was die Bibel über die Ehe aussagt. Und das ist eine verblüffende Unausgewogenheit, da der Großteil von Epheser 5 sich mit der Liebe des Mannes zu seiner Frau beschäftigt (V. 25-32). Der Ehemann hat die größere Verantwortung, indem er die liebevolle Leitung Christi nachahmen soll.
Mary Kassian, eine führende Autorin und Sprecherin der komplementären Position, gebraucht scharfe Worte, um die Frustration vieler Frauen wiederzugeben, die sie angesichts dieser Ungerechtigkeit empfinden:

> Predigten über die Rollenverteilung in der Ehe sind oft unausgeglichen. Viele lehren die Unterordnung der Frau, ohne die gleiche Zeit auf die entsprechenden Aufgaben des Mannes zu verwenden. Das ist eine Ursache endloser Frustrationen vieler Frauen. Immer und immer wieder hören sie, wie sie sich unterordnen sollen, aber selten hören sie, dass dies durch die Pflicht des Mannes, sie zu lieben, gemildert wird.
> Ein Ergebnis des Ganzen ist, dass einige Frauen sich gegen diese

biblische Lehre aufgelehnt haben. Zum anderen hat die Überbetonung der Rolle der Frau dazu geführt, dass die Männer meinen, als die geistlichen Führer wäre es ihre Pflicht, ihren Frauen Unterordnung beizubringen. Diese Einstellung nährt ein hartes, despotisches und chauvinistisches Verhalten, durch das es den Frauen nur noch schwerer gemacht wird, ihre Aufgabe zu erfüllen. Viel Bitterkeit und Rebellion hätte schon vermieden werden können, wenn in Predigten über die Rollenverteilung der Schwerpunkt auf die liebevolle Leitung des Mannes gelegt worden wäre und nicht immer nur auf die Unterordnung der Frau.[70]

Seine Frau lieben, wie Christus die Gemeinde geliebt hat

Der Standard, an dem die Leitung des Mannes in der Ehe gemessen wird, ist die selbstaufopfernde Liebe Christi. Christus liebte die Gemeinde und zeigte diese Liebe
auf die innigste und schwerste Weise. Er gab sich selber für seine Braut. Er starb für sie (V. 25). Er ist »des Leibes Heiland« (V. 23). »Eine tiefere Liebe als diese ist unvorstellbar.«[71] Christus heiligt und reinigt sie (V. 26) und will sie in der Zukunft verherrlichen (V. 27). Christus wird sich seine Braut (die Gemeinde) selbst verherrlicht darstellen, heilig und fleckenlos, so wie auch er, der Bräutigam, heilig und fleckenlos ist (V. 27). So leitet Christus in kostbarer und umfassender Liebe seine Gemeinde. Das ist Agape-Liebe, selbstlose und opferbereite Liebe.
Gleichsam sind gläubige Ehemänner berufen, ihre Frauen mit dieser höchsten Form der Liebe zu lieben. Alles sollen sie ihrer Frau geben – notfalls sogar ihr Leben (V. 25). Sie sollen ihre Frauen vor bösen Einflüssen beschützen und deren geistliche Schönheit und Leben fördern. »Die Sprache der Liebe Christi für seine Gemeinde ist auch die Sprache der Liebe des Ehemannes für seine Frau.«[72] Als ein Ergebnis dessen sollte auch das christliche Heim sich klar von anderen unterscheiden, hervorgerufen durch die selbstlose Liebe des Mannes. Das ist die Art von Leiterschaft, die Männer über ihre Frauen ausüben sollten.
Epheser 5 räumt also ganz gewiss mit der Ausbeutung der Frauen auf. Das christliche Heim und die Gemeinde sollten über alles in der Welt Orte sein, an denen Frauen geliebt und geehrt werden und nicht vernachlässigt und ausgenutzt. Ihr Männer, habt Acht auf diees mächtige und herausfordernde Gebot!

Seine Frau wie seinen eigenen Leib lieben

Die Verse 28-33 sind ein neuer Abschnitt. Auch hier wiederholt Paulus, dass Männer ihre Frauen lieben sollen. Dann gibt er eine neue Begründung für diese Liebe: das Einssein von Ehemann und -frau, das ohnegleichen ist. Mann und Frau sind nicht zwei, sondern ein Fleisch, eine Person. Dieser ganze Abschnitt wird von der Stelle in 1. Mose 2,24 geprägt, die in Vers 31 sogar zitiert wird: »und die zwei werden ein Fleisch sein.« Epheser 5,28-33:

5,28 So sind auch die Männer schuldig, ihre Frauen zu lieben wie ihre eigenen Leiber.
5,29 Wer seine Frau liebt, liebt sich selbst. Denn niemand hat jemals sein eigenes Fleisch gehasst, sondern er nährt und pflegt es, wie auch der Christus die Gemeinde.
5,30 Denn wir sind Glieder seines Leibes.
5,31 »Deswegen wird ein Mensch Vater und Mutter verlassen und seiner Frau anhängen, und die zwei werden *ein* Fleisch sein.«
5,32 Dieses Geheimnis ist groß, ich aber deute es auf Christus und die Gemeinde.
5,33 Jedenfall auch ihr – jeder von euch liebe seine Frau so wie sich selbst; die Frau aber, dass sie Ehrfurcht vor dem Mann habe.

Mann und Frau sind ein Leib, ein Fleisch und eine Person

In Vers 28 werden die Männer ermahnt, »ihre Frauen zu lieben wie ihre eigenen Leiber«. Das wesentliche Element einer Ehe ist die Einheit, das Einssein, und die Gemeinschaft. Der Ehebund schafft eine intime, dauerhafte und »fleischliche« Einheit zwischen Mann und Frau. Ehemann und -frau sind keine zwei getrennten Individuen mehr, sie sind nun eins. »Im Lichte dessen«, so sinniert Lloyd-Jones, »darf der Ehemann nicht länger nur an sich allein denken.«[73] Die Liebe des Mannes muss opferbereit sein, da seine Frau nun ein Teil seiner Selbst ist.

Logischerweise sollte der Mann dann seine Frau mit der gleichen Sorgfalt behandeln, mit der er selbstverständlich auch seinen eigenen Körper behandelt. Jeder normale Mensch liebt seinen Körper, indem er seine täglichen Bedürfnisse befriedigt, wie z.B. Essen, Bekleidung und Unterkunft. Also sollen Christen ihre Frauen mit Zärtlichkeit nähren und pflegen und fürsorglich ihre Bedürfnisse erfüllen, ganz so, wie sie es auch für ihren eigenen Körper tun (V. 28-29). Außerdem ist das Einssein dieser Beziehung so real, dass, wenn ein Mann seine Frau vernachlässigt oder ihr Schaden zufügt, er sich selber vernachlässigt und schadet.

Eine der Hauptaufgaben der christlichen Ehe ist laut der Schrift die Einheit und das Einssein. Es ist darum sehr wichtig zu verstehen, dass die Einheit in einer Ehe mit Leitung und Unterordnung einhergeht. Um dieses »ein Fleisch sein« zu verwirklichen, muss der Ehemann die selbstlose Führung übernehmen und für seine Frau sorgen. Und zwar in der Art, in der Christus die Gemeinde führt und für sie sorgt. Die Frau ordnet sich ihrem Mann in der Art unter und unterstützt seine Leitung, in der die Gemeinde sich Christus unterordnet und sich von ihm führen lässt. Obwohl die Eheleute in ihrer Beziehung unterschiedliche Rollen wahrnehmen, verfolgen sie doch beide die Interessen, die Befriedigung und das Wohl des anderen.

Christus und die Seinen sind ein Leib

Nachdem Paulus die Ehemänner ermahnt hat, ihre Frauen wie ihren eigenen Leib zu lieben, kehrt er zu dem Vergleich Christus und der Gemeinde zurück (V. 29-32): »Denn niemand hat jemals sein eigenes Fleisch gehasst, sondern er nährt und pflegt es [den Körper], wie auch der Christus die Gemeinde. Denn wir sind Glieder seines Leibes.« Noch einmal wird Christi Fürsorge für die Gemeinde als Vorbild zur Nachahmung für den Mann hingestellt.

Alle Gläubigen werden in Vers 30 daran erinnert, dass sie »seinen Leib« ausmachen, und, da sie Mitglieder »seines Leibes« sind, Christus gar nicht anders kann, als jedes einzelne dieser Mitglieder zu nähren und zu pflegen. Er liebt seinen Leib und tut alles, um für ihn zu sorgen. In der Ehe muss der Mann diesem Beispiel Christi folgen.

Das große Geheimnis

Sofort nachdem Paulus »seinen Leib« erwähnt hat, zitiert er 1. Mose 2,24, die erste Stelle des Alten Testaments, in der es um die Ehe von Adam und Eva geht: »Darum wird ein Mann seinen Vater und seine Mutter verlassen und seiner Frau anhangen, und die beiden werden zu einem Fleisch werden. Durch die eheliche Vereinigung werden zwei Personen zu einem Körper, einem Fleisch, zu einer Person;

das geschieht in sonst keiner Beziehung auf der ganzen Welt. Warum zitiert Paulus diese Stelle über die Ehe aus dem Alten Testament und wendet sie auf Christus und seinen Leib an? Er tut dies, weil die Beziehung zwischen Christus und seinem Leib wie eine Ehe ist: eine unzerbrechliche, dauerhafte und liebende Verbindung.

Nachdem Paulus 1. Mose 2,24 auf Christus und seinen Leib angewandt hat, eröffnet er: »Dieses Geheimnis ist groß, ich aber deute es auf Christus und die Gemeinde« (Eph 5,32). Das Wort »Geheimnis« bedeutet »ein Mysterium«, ein göttlicher Plan, der vorher verborgen und unzugänglich war, jetzt aber durch Gott in Christus offenbart wurde und allen, die glauben werden, verkündigt wurde. »Im üblichen Sinn ist ein Geheimnis zurückgehaltenes Wissen; in der Schrift ist es eine verborgene Wahrheit.«[74]

Dieses großartige »Geheimnis« bezieht sich auf die verhüllte Prophetie der Mose-Stelle. Die verborgene Wahrheit, die hier offenbart wird, ist, dass das »ein-Fleisch-sein« von Adam und Eva ein prophetisches Bildnis für die Verbindung des Auferstandenen zu seinen Erlösten ist. Also wird 1. Mose 2,24 in der Beziehung von Christus zu seiner Gemeinde endgültig erfüllt. »Die wahre Ehe besteht zwischen Christus und seiner Gemeinde. Alle anderen Ehen, auch die im Garten Eden, sind schwache Bilder … der Ehe des Lammes mit seiner Braut, der Gemeinde.«[75] Eine Standard-Ehe sollte also so funktionieren, wie die Beziehung zwischen Christus und seiner Gemeinde. Männliche Dominanz in der Ehe oder eine Ehe, in der beide Partner die gleichen Rollen einnehmen wollen, sind keine Basis. Und deswegen behaupten wir auch, dass das Miteinander von Leitung und Unterordnung in der Ehe keine böse Bedrohung ist, die ausgerottet werden muss. Im Gegenteil, es ist sogar Gottes Plan der Ehe. »Es gehört zum Wesentlichen der Ehe.«[76]

Epheser 5 endet mit der Ermahnung für den Mann, seine Frau zu lieben »wie sich selbst« und für die Frau, »dass sie Ehrfurcht vor dem Mann habe«. Das griechische Wort für »Ehrfurcht« heißt *phobos*, was alles von Terror und Angst bis zu Repekt und Ehrfurcht bedeuten kann. In diesem Zusammenhang ist auf jeden Fall Ehrfurcht und Respekt die treffendere Übersetzung. Die Frau respektiert ihren Mann, indem sie ihn als das von Gott ernannte Haupt anerkennt. Oder wie ein Ausleger bemerkt, »geht phobos im Normalfall mit Autorität einher«.[77] Weil der Mann das Haupt der Beziehung ist, muss die Frau sich ihm nicht nur unterordnen, sondern auch »Ehrfurcht« haben.

C. Kolosser 3,18-19: Unterordnung und Liebe

Paulus schreibt hier den Kolossern eine Kurzfassung von Epheser 5. Auch wenn es stark verkürzt ist, ist es doch Gottes Wort und verlangt unsere ganze Aufmerksamkeit. Paulus schreibt:

3,18 Ihr Frauen, ordnet euch euren Männern unter, wie es sich im Herrn geziemt.

3,19 Ihr Männer, liebt eure Frauen und seid nicht bitter gegen sie.

Wieder einmal ermahnt Paulus die Christinnen, sich ihren Männern »unterzuordnen« (griechisch *hypotasso*). Wenn sich Frauen ihren Männern unterordnen sollen, müssen wir annehmen, dass der Mann die Führung in der Beziehung hat. Beachten Sie bitte, dass an dieser Stelle nichts über gegenseitige Unterordnung gesagt wird.

Dieser Ermahnung zur Unterordnung folgt eine ungeheuer wichtige Begründung und Motivation: »wie es sich im Herrn geziemt«. Das Wort »geziemt« heißt »etwas Richtiges tun«, »wie es sich gehört, es seine Pflicht ist«.[78] Sich seinem Ehemann unterzuordnen, ist also das Richtige.

Der Ausdruck »im Herrn« definiert die Unterordnung als ein angemessenes Benehmen unter der Herrschaft Jesu Christi und in der Gesellschaft der Menschen, die Jesus als Herrn bekennen. Die Unterordnung einer Ehefrau repräsentiert also das ordentliche Verhalten eines Christen, welches von Jesus Christus gefordert und von den anderen Christen erwartet wird. Sie ist kein Verdienst des Ehemannes, sondern basiert auf dem Willen unseres Herrn Jesus.

Auch der Mann hat Pflichten in der Ehe. Paulus schreibt: »Ihr Männer, liebt eure Frauen und seid nicht bitter gegen sie.« Wie auch schon in Epheser 5, so wird auch hier der Ehemann aufgefordert, seine Frau zu lieben – nicht, über sie zu herrschen, sie herumzukommandieren, sie zu kontrollieren, ihren Willen zu brechen oder sie zu versklaven. Die wahre Liebe eines Christen wird von Gott definiert. Der Ausleger Peter O'Brien legt das Wesen dieser Liebe folgendermaßen aus: »Es ist nicht nur einfach eine Sache von zärtlichen Gefühlen oder sexueller Anziehung; es ist vielmehr sein liebevoller Dienst und seine unaufhörliche Fürsorge um ihr Wohlergehen … Es ist eine Liebe, die opferbereit ist und sich selber vergisst, welche durch Christi Vorbild geprägt wird.«[79]

Danach kommt eine ausdrückliche Warnung: Ihr Ehemänner, »seid nicht bitter gegen sie [die Ehefrau]«. Dies ist ein besonderes Beispiel für einen Mangel an Liebe, welches im Allgemeinen ein männliches Problem ist. Wenn Männer dem täglichen Druck ausgesetzt sind, neigen sie dazu, ihren Frust an ihren Frauen auszulassen; sie gebrauchen hässliche Worte und setzen missbilligende Mienen auf, sie sind sauer, beleidigt, mürrisch, ungeduldig oder reizbar; sie kritisieren und sehen nur Fehler. »Es ist eine sonderbare Laune der menschlichen Natur, dass wir oft die am leichtsinnigsten verletzen, die wir am meisten lieben.«[80] Dieses Verhalten entspricht allerdings ganz und gar nicht dem Willen unseres Herrn. Er warnt uns davor und verbietet es uns.

D. 1. Korinther 7,1-40: Ehescheidung, Singles und eheliche Verpflichtungen

Im ersten Korintherbrief werden viele praktische Bereiche und Probleme angesprochen, die seit eh und je alle Gemeinden betreffen. Diesem Brief kann keiner nachsagen, dass er langweilig oder zu theoretisch sei; jedes Kapitel sprüht nur so von aus dem Leben gegriffenen Situationen, mit denen die neu gegründete Gemeinde in der verweltlichten Stadt Korinth konfrontiert wurde. Deswegen ist es auch kaum verwunderlich, dass Paulus nicht weniger als viermal das Thema Ehe in diesem Brief aufgreift (6,12-20; 7,1-40; 11,2-16; 14,34-37). Auch heute bieten diese Stellen noch viel Zündstoff, genau wie damals zu Paulus' Zeiten.
Die Korinther schrieben an Paulus, um einige Unklarheiten aus seinem letzten Brief zu beseitigen (1Kor 7,1; 5,9). Eine dieser Fragen bezog sich auf die Ehe. Da die Gemeinde von einigen verworrenen Ansichten über die Sexualität, die Ehe und die Ehescheidung heimgesucht wurde, spricht Paulus diese Themen im siebten Kapitel des Briefes an.
In der Frage der Ehescheidung behandelt Paulus Männer wie Frauen gleich. Genauso auch die Ledigen (7,7-9.25-35). Er ermutigt sowohl alleinstehende Frauen als auch Männer, die Chance ihres Zustandes zu nutzen und dem Herrn mit ungeteilter Aufmerksamkeit zu dienen (7,32-35). Nicht alle Frauen müssen unbedingt heiraten und Kinder bekommen. Genau wie die Männer, so können auch die Frauen ihr Single-Dasein zum vollen Dienst für Gott nutzen.
Für unsere Nachforschungen ist von besonderem Interesse, dass

Paulus wie kein anderer die sexuellen Rechte und Pflichten von Eheleuten betont. Von daher stimmen Feministen wie Anhänger der komplementären Sichtweise diesem Kapitel fröhlich zu.
Lesen Sie diese Auswahl an Versen aus dem siebten Kapitel des 1. Korinterbriefes:

7,3 Der Mann leiste der Frau die eheliche Pflicht, ebenso aber auch die Frau dem Mann.
7,4 Die Frau verfügt nicht über ihren eigenen Leib, sondern der Mann; ebenso aber verfügt auch der Mann nicht über seinen eigenen Leib, sondern die Frau.
7,5 Entzieht euch einander nicht, es sei denn, nach Übereinkunft eine Zeit lang, damit ihr euch dem Gebet widmet und dann wieder zusammen seid, damit der Satan euch nicht versuche, weil ihr euch nicht enthalten könnt.

Einige Christen in Korinth befürworteten sexuelle Enthaltsamkeit in der Ehe. Paulus verbietet diese Praxis in aller Strenge: »Entzieht euch einander nicht« (V. 5). Sexualität in einer Ehe ist keine Wahl, sie ist eine Pflicht: »Der Ehemann leiste der Frau die eheliche [sexuelle] Pflicht, ebenso aber auch die Frau dem Mann« (V. 3). Sich seinem Ehepartner zu verweigern, heißt dem Partner das zu nehmen (oder »stehlen«), was ihm oder ihr rechtmäßig gehört – sexuelle Erfüllung und den Körper des Partners.
Unter zeitlich begrenzten und vor allem nach *gegenseitiger Absprache* bestimmten Umständen erlaubt Paulus jedoch sexuelle Enthaltsamkeit in der Ehe: »Entzieht euch einander [sexuell] nicht, es sei denn, nach *Übereinkunft* eine Zeit lang, damit ihr euch dem Gebet widmet, dann wieder [sexuell] zusammen seid, damit der Satan euch nicht versuche, weil ihr euch nicht enthalten könnt« (Vers 5, Hervorhebungen hinzugefügt).
In Vers 4 trifft Paulus eine der erstaunlichsten Aussagen über die Ehe in der ganzen Bibel: »Die Frau verfügt nicht über ihren eigenen Leib, sondern der Mann, ebenso aber verfügt auch der Mann nicht über seinen eigenen Leib, sondern die Frau« (Vers 4). Ein gewaltiges Manifest der Gleichberechtigung und des Einsseins der Ehe. »Was am meisten verblüfft, ist der exakte Parallelismus. Die ehelichen Rechte und Pflichten beruhen auf Gegenseitigkeit und gelten für jeden von beiden.«[81]

Der Ehemann als der Verantwortliche (Haupt) der Ehe muss diesem Grundsatz nachkommen und dafür Sorge tragen, dass beide befriedigt und erfüllt werden. Sex ist nicht ein Vorrecht des Mannes. Die sexuellen Bedürfnissen der Frau müssen genauso befriedigt werden. Der Ehemann hat außerdem nicht das alleinige Sagen über seinen Körper und kann nicht mit ihm machen, was er möchte. Die Frau hat eine von Gott gegebene Gewalt über den Körper ihres Mannes, und er auch über ihren Körper. »Weder der Mann noch die Frau hat mehr Autorität über den Körper des anderen.«[82] In der Sprache der Liebenden gibt am besten das Hohelied Salomos die Bedeutung wieder: »Mein Geliebter ist mein, und ich bin sein« (2,16).

E. Titus 2,3-5 Die jungen Frauen Liebe und Unterordnung lehren

In dem Brief, den Paulus seinem Schüler Titus und der Gemeinde der Insel Kreta schreibt, beauftragt er die älteren und weiseren Ehefrauen mit der Unterweisung der jüngeren. Sie sollen ihre Männer und Kinder lieben, besonnen sein, freundlich und rein; sie sollen mit häuslichen Arbeiten beschäftigt sein und sich ihren Männern unterordnen.
Daher ist Titus 2,4-5 für gläubige Ehefrauen und Mütter von großer Bedeutung. Dort steht, dass ihre Hauptverantwortung der Ehemann, ihre Kinder und ihr Heim ist. Robert Lewis und William Hendricks schreiben in ihrem lesenswerten Buch *Rocking the Roles: Building a Win-Win Marriage* (Die Rollenverteilung im Wanken – Eine erfolgreiche Ehe):

> Ich glaube, dass die Aufzählung der Verantwortungsbereiche der Frau in Titus 2,4-5 die prägnanteste Zusammenfassung der ganzen Schrift zu diesem Thema ist. Durch sie wird der Begriff Hilfe (1Mo 2,18: Gottes Berufung für Eva) klar und deutlich definiert … Die Hauptaufgabe umschreibt nicht alles, was eine Frau in der Ehe macht. Sie beschränkt sich nicht nur auf die Bereiche, die Paulus hier aufzählt. Aber sie sollte sich lieber nicht aus dieser Verantwortung herausreden oder sie wegen anderen Ambitionen vernachlässigen. So wie die Planeten um die Sonne kreisen, so sollte alles in ihrer Ehe um ihre entscheidenen Aufgaben und Verantwortungen kreisen. Eine Ehefrau sollte ihre Prioritäten entsprechend setzen und sich ihre Zeit und Energie gut einteilen. Das sollte verhindern, dass sie sich Gottes Berufung für ihr Leben

> und ihre Ehe entgehen lässt. Außerdem dürfte das ihrer Ehe Stabilität geben, da sie in der Lage ist, alle Gelegenheiten, die ihr über den Weg laufen, durch dieses Sieb zu filtern, abzumessen und abzuschätzen. Unglücklicherweise machen viele Frauen heutzutage den Fehler, ihre Hauptaufgaben als nur eine Möglichkeit von vielen zu sehen. Aber diese Aufgabe ist keine Wahlmöglichkeit. Sie ist ein biblisches Muss.[83]

In einer Kultur, die von Selbsterfüllung besessen ist und die Ehe für Frauen als nachteilig für die Karriere und unvorteilhaft für die Gesundheit einschätzt, muss Titus 2 klar vernommen und von christlichen Ehepaaren bestätigt werden:

> 2,3 ebenso die alten Frauen in der Haltung, wie es der Heiligkeit geziemt, nicht verleumderisch, nicht Sklavinnen von vielem Wein, Lehrerinnen des Guten,
> 2,4 damit sie die jungen Frauen unterweisen, ihre Männer zu lieben, ihre Kinder zu lieben,
> 2,5 besonnen, keusch, mit häuslichen Arbeiten beschäftigt, gütig zu sein, den eigenen Männern sich unterzuordnen, damit das Wort Gottes nicht verlästert werde.

Titus 2 beginnt mit einer eindeutigen Warnung: »Du aber (Titus) rede, was der gesunden Lehre geziemt« (2,1). Mit dem Ausdruck »gesunde Lehre« meint Paulus gute christliche Lehre. Was also hier über Ehefrauen und Mütter ausgesagt wird, ist nicht aus dem römisch-griechischen Gesetz, sondern entspricht gesunder christlicher Lehre. Diese Lehre weist ältere und reifere Ehefrauen an, den jungen Ehefrauen ein Vorbild christlicher Weiblichkeit zu sein und es ihnen auch beizubringen. Paulus listet sieben verschiedene Tugenden auf, die eine im Glauben gereifte Ehefrau die jüngeren lehren sollte. Vier von ihnen werden wir genauer betrachten.

Liebe deinen Ehemann

Die Hauptaufgabe einer Ehefrau ist, ihrem Mann zu helfen (1Mo 2,18). Ohne Liebe zu ihm geht das gar nicht. In unserer sündigen Welt ist es für eine Frau nicht einfach, verheiratet zu sein. Sich zu lieben ist nicht immer einfach, und viele Männer erleichtern dies ihren Frauen auch nicht gerade. Der immer stärker werdende Druck, der auf der Ehe lastet und die zunehmenden Streitigkeiten können das Feuer der Liebe einer Ehefrau auslöschen; deswegen muss sie in ihrer Liebe ermutigt werden, besonders in harten Zeiten. Die Ehe ist die beste Schule, um opferbereite, christliche Liebe zu lernen. Eine ältere gläubige Dame kann eine großartige Lehrerin und Ratgeberin für junge Schülerinnen sein. Seinen Ehepartner zu lieben ist das erste und wichtigste Lernziel im Unterrichtsplan. Wenn eine Frau ihren Ehemann liebt, wird sich alles andere in der Ehe viel leichter finden.

Liebe deine Kinder

Für eine gläubige Mutter ist ein anderes Hauptaugenmerk die Fürsorge für ihre Kinder. Die Kinder sollten eine Priorität in ihrem Leben einnehmen. In den meisten hochtechnisierten Ländern wird heutzutage die Gesellschaft von einer geburten- und kinderfeindlichen Mentalität durchdrungen. Bibelgläubige Christen müssen deshalb den über alles gehenden Stellenwert von Müttern und Kindern bejahen. Dorothy Patterson, eine Autorin in *Recovering Biblical Manhood and Womanhood* (»Die Wiederentdeckung der biblischen Männlich- und Weiblichkeit«) rückt das Thema ins richtige Licht: »Eine Mutter erschafft etwas viel Prächtigeres als jede Kathedrale – die Behausung einer unsterblichen Seele … Kein noch so professionelles Streben hat jemals die niedrigsten Aufgaben mit der bedeutungsvollsten Gelegenheit verknüpft.«[84] Mütter brauchen Rat und müssen ermutigt werden, ihre Kinder zu lieben, ihnen ihre volle Aufmerksamkeit zu geben, sie über allen materiellen Besitz und Karrierewünsche wertzuschätzen und ihnen Gottes Heiliges Wort zur Errettung nahe zu bringen (2Tim 1,5; 3,15). Patterson beschreibt am besten, was die Stunde geschlagen hat: »Was wir in den kommenden Jahren am meisten brauchen werden, ist ein Erwachen in der Verantwortlichkeit der Rolle der Mutter.«[85] Ältere und erfahrenere Mütter haben die von Gott gegebene Vollmacht, die jüngeren Frauen in der Liebe zu ihren Kindern zu ermutigen.

Eifrig in den häuslichen Arbeiten

Eine andere wesentliche Aufgabe einer Frau und Mutter ist die Organisation des Haushalts. Oder mit den Worten aus Sprüche 31,27:

»Sie überwacht die Vorgänge in ihrem Haus.« Ältere und erfahrenere Ehefrauen sollen die jüngeren ermutigen, ihren Haushalt gut zu führen. Das eigene Heim kann der schönste Ort der Erde sein, und Frauen haben das Vorrecht, ihr Haus so zu gestalten, wie sie möchten. Täglich sehen sie nach dem Rechten und sorgen mit viel Kreativität dafür, dass alles schön und gemütlich ist. Eine solche Karriere einzuschlagen ist für das Wohlergehen und die Entwicklung der menschlichen Rasse unverzichtbar.

Dem Ehemann unterordnen

Die Rolle als Hilfe des Mannes geht mit der Reaktion einer Ehefrau auf die Unterordnung (griechisch hypotasso) einher. Auch hier braucht eine junge Frau Unterstützung und Ermutigung von älteren und erfahreneren Ehefrauen. Auch in einer christlichen Familie, der ein gottesfürchtiger Ehemann vorsteht, kann Unterordnung schon mal sehr auf die Nerven gehen. Manchmal kann die Realisierung ungeheuer kompliziert sein. Deswegen brauchen jüngere Schwestern den weisen Rat und die Hilfe der älteren und erfahreneren Schwestern im Herrn. Außerdem müssen die jungen Christinnen ermutigt werden, ihre Rolle als Ehefrau, Hilfe, Mutter und Hausfrau als etwas besonders Kostbares zu schätzen und sie nicht einfach nur hinnehmen oder sie gar als eine von vielen seltsamen religiösen Theorien betrachten. Auch Unterordnung kann als etwas sehr Wertvolles empfunden werden, wenn man sie als den Willen und Plan des Schöpfers versteht.

Paulus schließt, indem er die alten und jungen Frauen daran erinnert, dass sie von ihren ungläubigen Nachbarn und Verwandten konstant beobachtet werden. Deswegen ermahnt die Schrift, so zu leben, dass »das Wort Gottes nicht verlästert werde«. Mary Kassian fasst zusammen: »Frauen, die ihre Familien, ihr Heim und ihre Ehe vernachlässigen, bringen Christus in Verruf.«[86]

F. 1. Timotheus 3,4.5.12: Gute Familienoberhäupter

Eine biblische Vorraussetzung, um in der Gemeinde als Ältester oder Diakon dienen zu dürfen, ist, seine Familie (lt. V. 4 insbesondere seine Kinder) gut zu leiten. Das bedeutet, dass die Familie eines Gemeindeleiters untadelig sein muss. Paulus betont die Notwendigkeit dieser Vorraussetzung mit einer rhetorischen Frage: »Wenn aber jemand dem eigenen Haus nicht vorzustehen weiß, wie wird er für die Gemeinde Gottes sorgen?« Die Antwort auf diese Frage ist eindeutig: Er kann nicht die Gemeinde Gottes leiten, wenn er nicht in der Lage ist, mit seiner eigenen Familie klarzukommen.

3,2 Der Aufseher nun muss untadelig sein, Mann einer Frau …
3,4 der dem eigenen Haus gut vorsteht und die Kinder mit aller Ehrbarkeit in Unterordnung hält
3,5 – wenn aber jemand dem eigenem Haus nicht vorzustehen weiß, wie wird er für die Gemeinde Gottes sorgen? –

Man liest in der Schrift, dass das Leben und Verhalten eines Aufsehers ein eindrückliches und zur Nachahmung herausforderndes Vorbild für die Gemeinde sein soll (1Petr 5,3). Weil also ein Aufseher (Ältester) seiner Familie ausdrücklich gut vorstehen soll, sollten alle gläubigen Männer ihrem Beispiel folgen und darum bemüht sein, ihrerseits gute Familienoberhäupter abzugeben.
Anhand der angeführten Bibelstellen (Tit 2,4-5; 1Tim 3,4-5) kann man klar erkennen, dass christliche Ehepaare – unter der Leitung des Mannes – als Team zusammenarbeiten sollen. Sie unterstützen sich gegenseitig und sind voneinander abhängig.

Fragen

1. Warum reagieren die meisten Leute so negativ auf das Wort *Unterordnung*? Nennen Sie zwei Gründe!
2. Zu welchem Ergebnis kommt Professor Wayne Grudem bezüglich des griechischen Wortes (*hypotasso*) für *Unterordnung*?
3. Muss sich eine Frau in allen Punkten dem Willen ihres Ehemanns beugen? Erfinden Sie ein Beispiel, um Ihre Aussage zu stützen!
4. Warum sollte eine Frau sich mehr um ihre innere Schönheit kümmern als um ihre äußere? Nennen Sie drei Gründe!
5. Wie soll laut 1. Petrus 3,7 ein Christ seine Ehefrau behandeln? Fallen Ihnen einige positive Beispiele zu Ihrer Antwort ein?
6. Was würden Sie jemandem entgegnen, der behauptet, dass Paulus ein Frauenhasser war? Belegen Sie Ihre Antwort anhand einiger Bibelstellen!
7. Was bedeutet das Wort *Haupt* (Epheser 5)? Erläutern Sie Ihre Antwort!
8. Inwiefern belegt Epheser 5 die Ansicht, dass die Lehre von Leitung und Unterordnung nicht kulturell bedingt ist, sondern eine biblische Lehre darstellt?
9. Wie wird die biblische Lehre der Leitung des Mannes in der Ehe von manchen Männern missbraucht? Nennen Sie mindestens drei Beispiele!
10. Beschreiben Sie die einzigartige Form der ehelichen Leitung, die Paulus in Epheser 5 darstellt. Erläutern Sie ein konkretes Beispiel, in dem diese Leitung ausgeübt wird.
11. Was sagt 1. Korinther 7,3-5 über gläubige Ehepaare aus, insbesondere über Ehemänner?
12. Was sind laut Titus 2 die wichtigsten Verantwortungsbereiche einer Ehefrau und Mutter?
13. Warum muss ein Aufseher der Gemeinde (Ältester, Pastor) seiner Familie gut vorstehen, um in der Gemeinde dienen zu dürfen? Nennen Sie zwei Gründe!
14. Was haben Sie in diesem Kapitel gelernt, was Ihr Denken und Handeln in Bezug auf Leitung und Unterordnung in der Familie nachhaltig beeinflussen wird?

IV. Jesus Christus lehrte durch die Apostel sowohl die Gleichwertigkeit von Mann und Frau als auch die Rollenunterschiede in der Gemeinde

»Ich muss zugeben«, sagte Tom, »die Argumente der Apostel für das Miteinander von Leitung und Unterordnung in der Ehe sind ziemlich einleuchtend und stichhaltig.«
»Prima, Tom! Du weißt ja, dass wir uns nicht ohne Grund zuerst der Ehe von Christen zugewandt haben, bevor wir uns jetzt Männern und Frauen in der Gemeinde widmen.«
»Was meinen Sie damit?«, fragte Tom.
»Wenn man Gottes Absicht mit der Ehe und der Familie nicht versteht, kann man unmöglich die neutestamentlichen Lehren für Männer und Frauen in der Gemeinde verstehen.«
»Wieso nicht?«
»Viele Leute verstehen einfach nicht die Sichtweise des Neuen Testaments, weil sie nie die enge Beziehung zwischen der einzelnen Familie und der erweiterten Familie, sprich der Gemeinde, verstanden haben. Genauso wie Paulus die Leitung des Mannes in der Familie lehrt, so lehrt er auch die Leitung des Mannes in der größeren Familie der Ortsgemeinde. Du siehst, die richtige Sicht von der Leitung einer Familie ist absolut notwendig, um ein Verständnis für die Leitung einer Gemeinde zu bekommen.«
»Ist klar«, versicherte Tom.
»Darüber hinaus sehen die Schreiber des Neuen Testaments die Gemeinde als das Haus Gottes. Die Unterschiede zwischen den Geschlechtern sind ein wichtiger Teil im Plan Gottes mit seinem Volk. Die örtliche Gemeinde soll darin ein Vorbild sein. Natürlich muss sie dann Leitung und Unterordnung lehren und vorleben.«
»Ich weiß genau, was meine Freunde dazu sagen werden«, entfuhr es Tom. »Ich kann sie schon hören: Das hat kulturelle Gründe. In unserer Gesellschaft ist die Abgrenzung der Rollen überhaupt nicht notwendig. Du nimmst die Bibel einfach zu wörtlich.«
»Tom, deine Freunde erlauben der Bibel einfach nicht, für sich selber zu sprechen. Sie treiben Schindluder mit der Schrift. Paulus untermauert seine Darstellung von Männern und Frauen in der Ge-

meinde mit hieb- und stichfesten Argumenten: dem Schöpfungsbericht, dem allgemeinen Verhalten aller Gemeinden, der Dreieinheit, dem Befehl Christi und schließlich mit seiner eigenen Autorität als Apostel. Diese Gründe haben keine kulturelle Basis.«
»Okay, aber widerspricht sich das nicht irgendwie? Gleichwertigkeit zwischen den Geschlechtern und trotzdem Leitung durch den Mann? Das sagt mir jedenfalls jeder«, überlegte Tom.
»Nein, beide Tatsachen vertreten die ganze Wahrheit des Schöpfungsplans Gottes für die Geschlechter.«
»Na gut, ich jedenfalls kann kaum abwarten, mich mit den Stellen über Männer und Frauen in der Gemeinde auseinander zu setzen«, gab Tom zu, »denn zu diesen Stellen habe ich die meisten Fragen.«

Die Famili e ist die kleinste, aber auch grundlegendste Zelle unseres sozialen Lebens. Der Mann ist das rechtmäßige Haupt dieser Einheit, deshalb sollte es uns eigentlich nicht verwundern, dass der Mann ebenfalls die Leitung in der Familie der Ortsgemeinde übernehmen soll. Die familiäre Gemeinschaft der Gemeinde sollte ein Vorbild hinsichtlich der Leitung des Mannes und der Unterordnung der Frau sein, um somit den einzelnen Familien zu helfen, Gottes Prinzipien für die Familie zu verstehen. Stephen Clark hebt dieses Prinzip treffend hervor:

> Noch ein weiterer Gesichtspunkt weist darauf hin, wie wünschenswert Männer als Älteste der christlichen Gemeinschaft sind … die Führungsstruktur muss so gebildet werden, dass sie die gesamte soziale Struktur der Gemeinschaft [der Gemeinde] unterstützt. Wenn die Männer die Häupter der Familien sein sollen, müssen sie auch die Häupter der Gemeinschaft sein. Die Gemeinschaft muss in einer Weise strukturiert sein, die das Muster der Familie unterstützt, und die Familie muss in einer Weise strukturiert sein, die das Muster der Gemeinschaft stützt. Denn in der Familie erlernt man seine Rolle in der Gemeinschaft. Und umgekehrt bestätigt das, was man in der Gemeinschaft sieht, das, was man in der Familie gelernt hat. Von daher schwächt es die Familie, wenn man auf Ebene der Gemeinschaft andere Prinzipien annimmt und umgekehrt.[87]

Lassen Sie uns nun herausfinden, was das Neue Testament über Männer und Frauen in der Familie der örtlichen Gemeinde lehrt.

A. 1. Timotheus 2,8-15: Leitung und Unterordnung in der Gemeinde

Wenn Epheser 5 die Schlüsselstelle der christlichen Ehe darstellt, ist 1. Timotheus 2 *die* Stelle für das Rollenverhalten in der Familie der Ortsgemeinde. 1. Timotheus 2 formuliert für die Gemeinde das, was Epheser 5 für die einzelne Familie formuliert. Außerdem ist sie wohl die bekannteste und eindeutigste Stelle, die Frauen von den meisten Lehr- und Leitungspositionen ausschließt. Somit ist es nicht überraschend, dass, genau wie schon Genesis 2, auch diese Stelle des Timotheusbriefes strategisch wertvoll im Geschlechterkampf ist.[88] Sie wird von allen Seiten scharf beschossen. Jedes einzelne Wort, Formulierung und Satz wurde schon heftigst diskutiert, aber trotz allem kann kein Ausleger ihre große Bedeutung leugnen oder die wirkungsvollen Aussagen außer Acht lassen.
Es ist sehr entscheidend, die Bedeutung dieser Stelle zu begreifen, daher bitte ich Sie, den ersten Schritt dafür nicht einfach zu überspringen – nämlich direkt mit der Passage durch sorgfältiges und methodisches Lesen in Kontakt zu treten. Bitten Sie um besondere Erkenntnis, während Sie 1. Timotheus 2,8-15 lesen und durchforschen:

2,8 Ich will nun, dass die Männer an jedem Ort beten, indem sie heilige Hände aufheben, ohne Zorn und zweifelnde Überlegung,
2,9 ebenso, dass die Frauen sich in würdiger Haltung mit Schamhaftigkeit und Sittsamkeit schmücken, nicht mit Haarflechten und Gold oder Perlen oder kostbarer Kleidung,
2,10 sondern mit dem, was Frauen geziemt, die sich zur Gottesfurcht bekennen, durch gute Werke.
2,11 Eine Frau lerne in der Stille in aller Unterordnung.
2,12 Ich erlaube aber einer Frau nicht, zu lehren, noch über den Mann zu herrschen, sondern ich will, dass sie sich in der Stille halte,
2,13 denn Adam wurde zuerst gebildet, danach Eva;
2,14 und Adam wurde nicht betrogen, die Frau aber wurde betrogen und fiel in Übertretung.

2,15 Sie wird aber durch das Kindergebären gerettet werden, wenn sie bleiben in Glauben und Liebe und Heiligkeit mit Sittsamkeit.

Zuerst ist es wichtig, die Umstände zu betrachten, unter denen dieser Brief verfasst wurde. Nach einem kurzen, aber weniger schönen Besuch der Gemeinde in Ephesus, ließ Paulus Timotheus dort, um die Verbreitung von Irrlehren aufzuhalten und die Gemeindeordnung wiederherzustellen. In seinem Brief an Timotheus, der kurz nach Paulus' Abreise aus Ephesus geschrieben wurde, beschäftigt Paulus sich mit dem anständigen Verhalten verschiedener Gruppen der dortigen Gemeinde und deren Auftreten in der Gemeinschaft. Beachten Sie den groben Zusammenhang dieses Briefes, aus dem dieser Auszug stammt:

> Dies schreibe ich dir in der Hoffnung, bald zu dir zu kommen; wenn ich aber zögere, *damit du weißt, wie man sich verhalten muss im Hause Gottes*, das die Gemeinde des lebendigen Gottes ist, der Pfeiler und die Grundfeste der Wahrheit (1Tim 3,14.15 Hervorhebungen hinzugefügt).

Genau wie jede Familie sich durch ein bestimmtes Benehmen und eigene Prinzipien auszeichnet, so wird auch die Familie der Ortsgemeinde von christlichen Prinzipien und sozialen Verhaltensmustern geprägt. Paulus spricht also im 1. Timotheusbrief bestimmte christliche Verhaltensregeln an, die auf das Haus Gottes anzuwenden sind. Damit sind dies keine zeitlich befristeten oder kulturellen Maßstäbe, die nur auf die Stadt Ephesus anzuwenden wären. Nein, es sind allgemeine und zeitlose Prinzipien, die für alle zukünftigen Gemeinden verbindlich gelten.

Das Gebet der Männer

Das Thema von 1. Timotheus 2,1-7 ist die Priorität des Gebets: »Ich ermahne nun vor allen Dingen, dass Flehen, Gebete, Fürbitten, Danksagungen getan werden für alle Menschen, für Könige und alle, die in Hoheit sind, damit wir ein ruhiges und stilles Leben führen mögen in aller Gottseligkeit und Ehrbarkeit« (1Tim 2,1.2). Nachdem in den Versen 1-7 das Gebet grundsätzlich behandelt wurde, erklärt Paulus den Männern, wie sie zu beten haben. Dies ist ein Teil dessen, wie ein Mann »sich verhalten muss im Hause Gottes« (1Tim 3,14). Er schreibt: »Ich will nun, dass die Männer an jedem Ort beten, indem sie heilige Hände aufheben, ohne Zorn und zweifelnde Überlegung« (V. 2,8).

Paulus will, dass die Männer beten, »indem sie heilige Hände aufheben, ohne Zorn und zweifelnde Überlegung«. Heilige Hände stehen im Gegensatz zu schmutzigen Händen, die gleichbedeutend mit sündigen Herzen sind, welche vor Gott nicht annehmbar sind. Paulus beschäftigt hier nicht so sehr die Haltung des Gebets, sondern der Zustand des Herzens. Das Herz eines Betenden muss rein sein. Heiligkeit und Gebet gehen Hand in Hand, wie auch schon der Psalmist bemerkte: »Wenn ich es in meinem Herzen auf Frevel abgesehen hätte, so würde der Herr nicht hören« (Ps 66,18).

Um es genauer zu sagen: Die Gläubigen werden ausdrücklich davor gewarnt zu beten, während sie gegen jemanden Groll hegen. Für die Gemeinde in Ephesus war das besonders wichtig, weil dort durch die Irrlehren ein erbitterter Streit zwischen den Gläubigen entflammt war. Eine verbitterte Einstellung behindert entschieden die Wirksamkeit eines Gebets »für alle Menschen« (2,1).

Männer und ihre Verantwortung gegenüber der Gemeinde

Es wird zunehmend schwerer, Männer zu finden, die für die Verantwortung als Ältester oder Diakon in der Gemeinde biblisch qualifiziert und vorbereitet sind. Die Rastlosigkeit unserer Gesellschaft hält viele unserer Männer in einem geistlichen Todesgriff: »Die Vergötzung von Geschäftigkeit und Aktivismus, die heutzutage auch nicht vor Christen halt macht, ist eines der größten Hindernisse der Gemeinde auf dem Weg zu ihrer Bestimmung.«[89] Entschieden zu viele Männer haben keine Zeit mehr, ihre Bibel zu lesen, zu beten, oder eine Leitungsposition in ihrer Gemeinde zu übernehmen. Manche haben noch nicht einmal Zeit für ihre eigenen Familien. Wenn Männer ihre Verantwortung in der Leitung ihrer Gemeinde vernachlässigen, entsteht ein tragischer Verlust und ein unfassbarer Sieg für den Bösen. Unsere Prioritäten sind verdreht, und nichts anderes als eine radikale Umkehr wird dieses Problem lösen. Wir müssen beten und dieses Problem in unseren Gemeinden durchdachter und konstruktiver angehen, ohne aber die überlasteten Männer mit noch mehr Schuldgefühlen zu beladen.

Die Kleidung der Frau

Paulus fordert die Frauen auf, sich bescheiden zu kleiden, motiviert von christlichem Anstand und Zurückhaltung. Mit anderen Worten erklärt Paulus, wie eine Frau sich im Hause Gottes verhalten soll (s. 1Tim 3,14.15). Er warnt vor teurer, extravaganter Kleidung und übertriebenen Frisuren (wahrscheinlich mit Gold und Perlen geschmückt), die unbescheiden und nicht angemessen sind.
Wie auch schon Petrus, so verbietet auch Paulus den Frauen nicht, schöne Kleider, Schmuck oder geflochtene Frisuren zu tragen. Seine Ermahnung richtet sich gegen Selbstdarstellung, Übertreibung, dem Protzen mit Reichtum oder dem Tragen von verführerischer Kleidung. Alles zusammengenommen ist dies vollkommen unangemessen für eine Gott wohlgefällige Frau. »Unsere Kultur bedarf dringend dieser Worte«, sagt Thomas Schreiner, »denn der Materialismus und die sexuellen Verführungen, die in der Kleidung zum Ausdruck kommen, plagen uns.«[90]
Anstatt sich um teure Kleidung Sorgen zu machen, sollte eine gottesfürchtige Frau sich um »gute Werke« bemühen. Eine Frau, die sich zu ihrer engen Beziehung zu Gott bekennt, bekleidet sich mit »guten Werken«, christlichem Dienst und »Nächstenliebe«.[91] Diese Ermahnung steht im Einklang mit der generellen Beschreibung des Dienstes der Frau im Neuen Testament, z.B. gute Werke, Barmherzigkeit, liebevolle Sorge, Organisation des Haushalts, Gebet und Zeugin des Evangeliums. »Paulus befürwortet nicht nur bescheidene Kleidung«, schreibt Knight, »sondern außerdem, dass mehr Zeit und Energie auf geistliche Zierde verwandt wird.«[92] In zeitgemäßen Bildern beschreibt John Stott:

> Die Gemeinde sollte ein regelrechter Schönheitssalon sein, in dem Frauen ermutigt werden, sich selber mit guten Werken zu schmücken. Frauen müssen sich dessen bewusst werden, dass, auch wenn die Natur sie nicht mit äußerer Schönheit bedacht hat, die Gnade sie doch wunderschön werden lassen kann. Wenn eine Frau von Natur aus hübsch ist, können gute Werke ihre Schönheit nur noch betonen.[93]

Die Unterordnung der Frau

Einige Jahre zuvor hatte Paulus an die gleiche Gemeinde in Ephesus geschrieben und die Frauen ermahnt, sich ihren Männern unterzuordnen (Eph 5,22-33). Hier jedoch beschreibt er, wie eine Frau »sich verhalten muss im Hause Gottes«. Er spricht die Unterordnung der Frau in der Familie der Ortsgemeinde an und zeigt, wie sich das in der Gemeinde konkret äußert. Frauen, egal ob ledig oder verheiratet, sollen mit einem Geist der Unterordnung lernen. Sie sind weder Lehrer der Gemeinde noch Älteste.

Lernen

Wir lesen: »Eine Frau lerne in der Stille in aller Unterordnung.« Gläubige Frauen müssen die Lehren des christlichen Glaubens beherrschen, um in der Lage zu sein, jedem, der sie über ihren Glauben befragt, Rede und Antwort zu geben (1Petr 3,15), und sollten außerdem, wie schon Maria, zu Jesu Füßen sitzen, um von ihm zu lernen (Lk 10,38-42). Aber in erster Linie geht es hier nicht um das Lernen. Es wird vorausgesetzt, dass alle gläubigen Frauen sich die Lehren des Glaubens zu Eigen machen. Hier geht es darum, wie sich eine Frau in den öffentlichen Gemeindezusammenkünften verhalten soll.
Paulus benutzt zwei Beschreibungen für das Lernverhalten der Frau: »In der Stille« und »in aller Unterordnung«. Das griechische Wort für »Unterordnung« (*hypotage*) ist die Substantivierung des Verbs ›sich unterordnen‹ (*hypotasso*), das Schlüsselwort, mit dem die Beziehung der Frau zum Mann ausgedrückt wird (1Petr 3,1.5; Eph 5,21.22; Kol 3,18; Tit 2,5). Die Frau soll sich in der Familie der Ortsgemeinde genauso unterordnen, wie sie sich in ihrer Ehe unterordnet. Sie soll nicht die Leitung der Gemeinde übernehmen oder die Gemeinde belehren. Vielmehr soll sie die Männer in ihrer Funktion als Leiter tatkräftig unterstützen und ermutigen (1Mo 2,18). Dies ist keine Diskriminierung, dies ist Gottes Entwurf.

Lehren

Vers 12 ist das Gegenstück zu Vers 11. Die beiden Verse bilden eine Parallele. In den Zusammenkünften der Gemeinde sollen die Frauen aus der Schrift lernen, aber sie sollen nicht das Lehren der Gemeinde übernehmen. Dies ist die Aufgabe der Männer.
Paulus wusste, dass zu diesem kritischen Thema Klarheit geschafft werden musste, und zwar mit Geradlinigkeit und Autorität. Deswegen verkündete er mit seiner ihm eigenen Autorität als Apostel aus-

drücklich und unmissverständlich: »Ich erlaube aber einer Frau nicht, zu lehren, noch über den Mann zu herrschen, sondern ich will, dass sie sich in der Stille halte.« Einfacher und klarer hätte er es kaum ausdrücken können. In der Familie der örtlichen Gemeinde soll die Frau weder lehren noch die Führung über die Männer der Gemeinde übernehmen.

Man muss aber darauf achten, dass Paulus kein generelles Lehrverbot für Frauen ausspricht (Apg 18,26; Tit 2,3; 2Tim 1,5; 3,14.15). Er verbietet nur, dass Frauen die Männer in der Öffentlichkeit der regulären Gemeindezusammenkünfte belehren. Paulus macht diesen Unterschied, weil die Belehrung einer Gemeinde nicht nur reine Wissensvermittlung ist, sondern dass gleichzeitig über diejenigen, die belehrt werden, Macht ausgeübt wird. Clark hat mit seiner Beobachtung recht: »Die Schrift sieht das Lehren primär als eine Leitungsfunktion, eine Aufgabe, die von den Ältesten und Aufsehern oder von anderen in führender Stellung übernommen wird. In diesem Zusammenhang erkennt man auch besser die Verbindung von Lehren, Ausüben von Autorität und Unterordnung.«[94] Da die Rolle der Frau Unterordnung verlangt, soll sie nicht die Gemeinde lehren und somit leiten.

Dieser Abschnitt will nicht aussagen, dass Frauen nicht dazu in der Lage wären, zu lehren oder zu leiten. Wir alle wissen ja, dass Frauen sehr wohl ganz ausgezeichnete Lehrerinnen mit hervorragenden Führungsqualitäten sein können. Eine gläubige Frau mag vielleicht eine erfahrene Lehrerin in einer Schule sein, eine Ärztin oder auch eine Geschäftsfrau (wie Lydia); trotz allem sollen aber, wenn die Gemeinde als solches zusammenkommt, die Männer die Führung übernehmen und die Familie der Gemeinde lehren und leiten. Denn dann wird die örtliche Gemeinde Gottes Entwurf der Geschlechter und das Konzept von Leitung und Unterordnung zwischen Christus und seiner Gemeinde widerspiegeln.

Macht ausüben

Zusätzlich zu der Einschränkung, nicht die Gemeinde zu belehren, wird den Frauen gesagt, sie sollen nicht über die Männer der Gemeinde Macht ausüben. Das bedeutet, dass sie nicht die Gemeinde leiten oder lenken sollen. Das griechische Wort für »zu herrschen« heißt *authenteo*. Dieser Begriff ist das vierte Schlüsselwort in der Diskussion um die Rollen der Geschlechter (die anderen sind *Hilfe*,

Unterordnug und *Haupt*). Es ist wichtig, weil man aufgrund dieser Stelle klar belegen kann, dass Frauen von der Funktion des hirtendienstlichen Ältesten ausgeschlossen sind. Hirtendienstliche Aufsicht liegt klar in der Verantwortung des Mannes und nicht der Frau.
Überlegen Sie einmal: In einem Brief, in dem mehr über das Lehren und die Ältestenschaft ausgesagt wird als in jedem anderen neutestamentlichen Brief, werden Frauen ermahnt, nicht über die Männer zu herrschen. Unmittelbar nach diesen Anweisungen, die den Frauen das Lehren und Leiten von Männern verbieten (1Tim 2,11-15), beschreibt Paulus die Qualifikationen für die Aufseher (Pastoren) der örtlichen Gemeinde (1Tim 3,1-7). Bezeichnenderweise setzen diese Anforderungen einen männlichen Kandidaten voraus. So soll der Aufseher (oder Pastor oder Ältester) »Mann einer Frau« sein und jemand, »der dem eigenen Haus gut vorsteht und die Kinder mit aller Ehrbarkeit in Unterordnung hält« (1Tim 3,2.4). In diesem Abschnitt über die Qualifikationen von Ältesten deutet Paulus nicht im geringsten an, dass auch Frauen für diesen Dienst in Frage kämen, denn es ist nicht ihre von Gott gegebene Rolle in der Gemeinde.
Weil in 1. Timotheus 5,17 zu lesen ist, dass die Ältesten die Gemeinde unterweisen und führen sollen, ist es logisch, dass Frauen nicht als hirtendienstliche Älteste in der Gemeinde dienen dürfen, denn sie sollen ja gerade *nicht* die Männer der Gemeinde belehren und leiten. Also müsste eigentlich 1. Timotheus 2,8-15 allein die Frage nach weiblichen Pastoren und Ältesten ein für alle Mal klären.

Schlüsselwort: »herrschen« (Griechisch *authenteo*)

Der griechische Ausdruck *authenteo* bedeutet ›über jmd./etw. Autorität/Macht ausüben‹. Er darf nicht mit ›Autorität an sich reißen‹ oder mit ›Gewalt anfachen‹ oder mit ›Macht missbrauchen‹ übersetzt werden.
Feministische Ausleger haben um dieses Wortes willen schon viel Zwietracht gesät. Sie behaupten, das Verb bedeute ›Macht missbrauchen‹, ›Gewalt anfachen‹, ›überheblich sein‹, ›sich vordrängen oder ›Autorität an sich reißen‹. Also glauben sie, Paulus verbiete den Frauen lediglich, Macht zu missbrauchen, sich über ihre männlichen Lehrer zu erheben oder gar ihre Autorität in einer Belehrung in Frage zu stellen. Sie wollen den Begriff negativ verstehen: »vielmehr ein herrschsüchtiger Gebrauch von Autorität, als überhaupt eine Autorität«[95]

oder »der Gebrauch von Autorität in zerstörerischer Weise«.[96] Diese Sicht des Wortes *authenteo* ist jedenfalls nicht korrekt. Henry Scott Baldwin, Lehrer am Singapore Bible College, beweist in seiner Abhandlung über den Begriff *authenteo*, die auf dem allerneuesten Stand und zudem sehr gründlich ist, dass in diesem Kontext die beste Übersetzung in der Tat ›über jmd./etw. Autorität/Macht ausüben‹ ist.[97]
Neben Baldwins umfangreicher Studie des Wortes *authenteo* präsentiert Andreas Köstenberger, Professor für das Neue Testament am Southeastern Baptist Theological Seminary, eine beeindruckende Ausarbeitung des grammatikalen Satzbaus von Vers 11, um die beste Wiedergabe des Begriffes *authenteo* in unserer heutigen Zeit zu gewährleisten.[98] Das Satzgefüge sieht folgendermaßen aus:

»Ich erlaube aber einer Frau nicht, **zu lehren** [Verb 1], noch über den Mann **zu herrschen** [Verb 2].«

Köstenberger zeigt, dass die grammatikalische Satzstruktur nicht zulässt, dass die beiden miteinander verbundenen Verben (»lehren« und »herrschen«) anders übersetzt werden, als dass sie entweder beide eine positive Aussage oder eine negative Aussage wiedergeben. Es ist nicht möglich, ein Verb (»lehren«) positiv zu deuten, während das andere mit einem negativen Inhalt belegt wird (›unrechtmäßig herrschen‹). Während »lehren« definitiv eine positive Bedeutung darstellt, muss »herrschen« hier als Konsequenz auch positiv gemeint sein.
Der Punkt ist dieser: das zweite Verb muss mit ›Autorität ausüben‹ übersetzt werden, da es dann sowohl in den grammatikalischen Zusammenhang passt als auch im Einklang mit dem gesamten Kontext steht. Die bahnbrechenden Studien von Baldwin und Köstenberger kommen beide zu dem Schluss, dass die treffendste Übersetzung von *authenteo* ›Autorität ausüben/innehaben‹ ist. Zudem wird von der überwältigenden Mehrheit aller Bibelausleger und der englischen Bibelübersetzungen (*The New King James Version*, *New American Standard Bibel*, *New Revised Standard Version*, und *New International Version*) eben diese Bedeutung gewählt.

Biblische Gründe

Paulus' Lehr- und Leitungsverbot für Frauen führte damals zu heftigen Diskussionen, genauso wie es auch heute noch der Fall ist. Also begründet Paulus seine Anweisungen anhand von biblischen Texten und Prinzipien, so wie er es in den meisten Fällen tut, in denen es um die Rollen von Mann und Frau geht. »Denn Adam wurde zuerst gebildet, danach Eva; und Adam wurde nicht betrogen, die Frau aber wurde betrogen und fiel in Übertretung« (1Tim 2,13-14). Übersehen Sie bitte nicht: Paulus führt diese Einschränkungen direkt auf den Bericht in 1. Mose zurück. Genau wie auch schon Jesus, so verweist er seine Leser auf den Beginn der Schöpfung und geht zu 1. Mose und zu den geschichtlichen Ereignissen zurück. Er beruft sich nicht auf die lokale Kultur, auch nicht auf das Fehlen von gebildeten Frauen oder auf vermeintliche weibliche Irrlehrerinnen. Er verweist ganz einfach auf Gottes Absichten, wie sie in seinem Wort offenbart sind. Er begründet den Ausschluss der Frauen von der Leitung der Männer in der Gemeinde damit, wie die Geschlechter in der Schöpfungsgeschichte beschrieben werden. Folglich ist das Verbot von Paulus dauerhaft gemeint und für alle Gläubigen und Gemeinden gleich verbindlich.

Adam wurde zuerst erschaffen

Zunächst beruft sich Paulus auf den ursprünglichen Schöpfungsbericht aus 1. Mose 2: Adam wurde als Erster erschaffen. Daraus ergibt sich, dass Adam die Rolle des Führers und die Autorität zusteht. Außerdem war er auch – symbolisch für alle Männer – als der erste Mensch verantwortlich für die Leitung in seiner Ehe. Diese Position soll auch in der Gemeinschaft der örtlichen Gemeinde (der erweiterten Familie) demonstriert werden. Auch diese erklärt, warum eine Frau nicht »lehren, noch über den Mann [...] herrschen« soll. Es trotzdem zu erlauben, hieße, sich über Gottes Schöpfungsordnung für die Geschlechter hinwegzusetzen. Als »das Haus Gottes« muss die Ortsgemeinde ein Vorbild für Gottes Prinzipien sein.

Nicht Adam, sondern Eva wurde betrogen

Paulus führt seine Argumentation mit einem weiteren, sehr aussagekräftigen Beispiel in Vers 14 fort. Er weist auf die Verführung

Evas im Garten hin, um deutlich zu machen, wie gefährlich es ist, die Rollen von Mann und Frau zu vertauschen: »Und Adam wurde nicht betrogen, die Frau aber wurde betrogen und fiel in Übertretung.« Adam wurde nicht von Satan betrogen, sondern Eva.

In 1. Mose 3 macht Satan einen listigen Bogen um Adam – denjenigen, den Gott als Haupt der Beziehung erschaffen hatte – und wendet sich direkt an Eva, von der er richtig annahm, dass sie die für seine Verführungskunst Empfänglichere von beiden sei. Eva selber gibt zu, getäuscht worden zu sein: »Und Gott, der Herr, sprach zur Frau: Was hast du da getan! Und die Frau sagte: Die Schlange hat mich getäuscht, da aß ich« (1Mo 3,13).

Obwohl Gott dem Adam die Verantwortung für die Beziehung gegeben hatte, handelte zuerst Eva und forderte dann Adam auf, von dem verbotenen Baum zu essen. Als Ergebnis ihrer Eigeninitiative erntete sie keine Verbesserung ihrer Situation, sondern Täuschung, Sünde, Scham und Schmerz. Gottes Volk sollte deswegen seine Anweisungen für die Rollen von Mann und Frau in der Familie und Gemeinde nicht auf die leichte Schulter nehmen. Sie müssen der Stimme Gottes gehorchen, wenn sein Wort sagt: »Ich erlaube aber einer Frau nicht, zu lehren noch über den Mann zu herrschen.«

Paulus schließt seine Ausführungen über Adam und Eva, indem er den Sachverhalt von Vers 14 bezüglich Evas Täuschung und Übertretung mit nachfolgendem Vers 15 wertet: »Sie wird aber durch das Kindergebären gerettet werden, wenn sie bleiben in Glauben und Liebe und Heiligkeit mit Sittsamkeit.«

Es ist sehr schwierig, diesen Vers mit Bestimmtheit auszulegen. Wenn man ihn in einfache Worte kleidet, so ermutigt Paulus die Frauen, vor den Verführungen Satans zu fliehen. Sie sollen ihre Erfüllung in ihrem hauptsächlichen Verantwortungsbereich als Mutter, Ehefrau und Hausfrau suchen (1Tim 5,14.15; Tit 2,4.5), vorausgesetzt natürlich, dass sie an ihrem Glauben festhalten. Es ist nicht die Aufgabe der Frau, die Familie der Gemeinde zu unterweisen oder ihr vorzustehen.

B. 1. Korinther 14,34-40: Unterordnung in den Gemeindezusammenkünften

Die Stelle in 1. Korinther 14 ist der in 1. Timotheus 2 sehr ähnlich, deswegen müssen wir nur kurz auf sie eingehen.

Paulus schrieb den ersten Korintherbrief an die Gemeinde in der Stadt

Korinth im Jahre 56 n.Chr. Der Timotheusbrief, den er an die Gemeinde in Ephesus sandte, wurde sechs Jahre später von ihm verfasst. In beiden Briefen lehrt er die Unterordnung der Frau in der Familie der Ortsgemeinde und stützt seine Unterweisungen auf den alttestamentarischen Schöpfungsplan und auf seine eigene Autorität als Apostel. In 1. Korinther 14 fügt er der Argumentation für die Unterordnung zwei weitere Gründe hinzu: es sei die allgemeine Handhabe aller Gemeinden und ein Gebot das Herrn. Diese zwei Texte sollten also zusammen betrachtet werden. Der eine hilft, den anderen richtig auszulegen.
Lesen Sie den folgenden Auszug aus 1. Korinther 14 und behalten Sie 1. Thimotheus 2 dabei im Hinterkopf:

14,34 Wie es in allen Gemeinden der Heiligen ist, sollen eure Frauen in den Gemeinden schweigen, denn es wird ihnen nicht erlaubt, zu reden, sondern sie sollen sich unterordnen, wie auch das Gesetz es sagt.
14,35 Wenn sie aber etwas lernen wollen, so sollen sie daheim ihre eigenen Männer fragen; denn es ist schändlich für eine Frau, in der Gemeinde zu reden.
14,36 Oder ist das Wort Gottes von euch ausgegangen? Oder ist es zu euch allein gelangt?
14,37 Wenn jemand meint, ein Prophet oder sonst ein Geistbegabter zu sein, so erkenne er, dass das, was ich euch schreibe, ein Gebot des Herrn ist.
14,38 Wenn aber jemand das nicht erkennt, so wird er auch von Gott nicht erkannt.

Da die Gemeindezusammenkünfte zunehmend durch den geistlichen Übereifer einiger Mitglieder und deren unbändiges Verhalten aus den Fugen zu geraten drohten – insbesondere durch diejenigen, die in Zungen reden wollten –, errichtete Paulus genaue Richtlinien, um Anstand und Ordnung in den Zusammenkünften aufrechtzuerhalten (V. 26-35). Seine abschließenden Ermahnungen richten sich gegen die Beteiligung der Frauen am Gottesdienst (V. 34-38).
Was Paulus genau mit »schweigen« meinte, ist schon auf vielerlei Art und Weise ausgelegt worden, und es ist nicht wichtig für unsere Nachforschungen, an dieser Stelle eine Lösung dafür zu finden. Ich habe mit voller Absicht versucht, Themen zu vermeiden, die umstritten sind und nicht unbedingt in das Thema ›gleich, doch

unterschiedlich‹ hineingehören. Auch unter den Anhängern der komplementären Sicht gibt es einige begründete Diskrepanzen in der Auslegung bestimmter Passagen, die aber unser Thema nicht weiter beeinflussen. Wir möchten nicht, dass Nebensächlichkeiten unsere Sicht für das Eigentliche verdunkeln: Gott erschuf Mann und Frau gleichwertig, aber doch unterschiedlich. Was hier wichtig ist zu beobachten, ist, dass Paulus wiederum die Unterordnung der Frau in der Familie der Gemeinde fordert.

Das Gesetz und die Christenheit lehren beide Unterordnung

Das Gesetz Moses stimmt mit der christlichen Lehre überein. Paulus möchte in diesem Abschnitt seine Schwestern vor einem Benehmen bewahren, welches dem Plan und dem Willen Gottes nicht angemessen ist. Er erklärt, dass sich die Unterordnung der Frauen in bestimmten Verhaltensweisen äußert, eine davon im Reden und im öffentlichen Verhalten. Paulus benutzt die Lehre der Unterordnung (griechisch *hypotasso*), um damit seine Anweisung bezüglich der Rolle der Frau in den Gemeindezusammenkünften zu bekräftigen. Die Verfügung zur Unterordnung ist christliche Lehre, die im vollen Einklang mit dem Gesetz Gottes steht: »denn [...] sie sollen sich unterordnen, wie auch das Gesetz sagt« (14,34).
Mit »Gesetz« meint Paulus das mosaische Gesetz (1Kor 9,8.9) und insbesondere 1. Mose 2. Zwei Kapitel vorher zitiert Paulus aus diesem Kapitel, um seine Anweisung bezüglich der Rolle von Männern und Frauen zu belegen: »Denn der Mann ist nicht von der Frau, sondern die Frau vom Mann; denn der Mann wurde auch nicht um der Frau willen geschaffen, sondern die Frau um des Mannes willen« (1Kor 11,8.9). Paulus muss den gleichen Satz ja nicht noch einmal in Kapitel 14,34 wiederholen, deswegen kürzt er ihn einfach ab: »auch das Gesetz sagt« (siehe auch 1Tim 2,13.14). Bitte bemerken Sie, dass Paulus nie müde wird, seine Adressaten zu erinnern, dass seine Lehren über die Geschlechter tief in der Schöpfungsordnung verwurzelt sind.

Unterordnung ist allgemeine Gemeindepraxis

Paulus ist dieser Punkt sehr wichtig. Er beginnt seine Anweisungen über die Frauen mit dem Satz: »Wie es in allen Gemeinden der Heiligen ist …« (V. 34a).[99] Der allgemeine Anspruch, »in allen Gemeinden der Heiligen«, soll seine Lehren untermauern, zum Gehorsam ermutigen und seine Anweisungen zur Unterordnung stärken. Die Gläubigen in Korinth sollen sich ausdrücklich nicht von der Praxis der anderen Gemeinden absondern.

Die Stadt Korinth war für ihren »grimmigen Drang zur Unabhängigkeit« bekannt.[100] Die Gemeinde in Korinth hatte manches von dieser ungesunden stolzen Gesinnung übernommen. Sie »tanzten nach ihrer eigenen Musik«.[101] Mehrmals in seinem Brief an die überheblichen und unabhängigen Korinther erinnert Paulus an die grundlegende Gemeindepraxis der Apostel und fordert sie auf, ihren falschen Weg zu verlassen und sich dieser Praxis anzupassen. Hier fordert er sie auf, der Handlungsweise aller anderen Gemeinden in der Frage der Beteiligung der Frauen zu folgen. Deswegen kann man nicht behaupten, dass dies ein allein kulturelles Problem war, das nur auf die Korinther angewandt werden konnte. In Vers 36 brechen in Paulus eine Menge von Emotionen auf, wenn er auf ihre widerspenstige Gesinnung zu sprechen kommt. Er ist von ihrer stolzen und halsstarrigen Einstellung frustriert. Deshalb stellt er ihnen zwei unbequeme Fragen: »Oder ist das Wort Gottes von euch ausgegangen? Oder ist es zu euch allein gelangt?« Er will von ihnen wissen, ob das Wort Gottes seinen Ursprung in ihrer Gemeinde hat, oder ob es nur allein ihrer Gemeinde überliefert wurde. Natürlich sind dies vollkommen absurde Vorstellungen, aber Paulus will sie mit der eigenen Absurdität ihres Denkens und Handelns konfrontieren. Warum handeln sie so eigenständig, was das Evangelium, Paulus und die anderen Gemeinden angeht? Meinen sie etwa, sie seien die Begründer des Glaubens, eine Art Muttergemeinde, gar selber die Schreiber der Schrift oder die alleinigen Treuhänder der Wahrheit?

Paulus schließt seine unbequemen Worte, indem er sich auf seine eigene Autorität als Apostel beruft (V. 37-38). »Wenn jemand meint, ein Prophet oder sonst ein Geistbegabter zu sein, so erkenne er, dass *das, was ich euch schreibe, ein Gebot des Herrn ist*. Wenn aber jemand das nicht erkennt, so wird er auch von Gott nicht erkannt« (Hervorhebungen hinzugefügt). Paulus wusste um seine Kritiker in der Gemeinde, also konzentriert er sich direkt auf diejenigen, die sich für Propheten oder besonders geistlich halten. Sinngemäß schreibt er: »Wenn ihr wirklich so geistlich seid, dann werdet ihr erkennen,

dass das, was ich euch als ein ernannter Apostel geschrieben habe, ein Gebot des Herrn selber ist.« Der Ausleger Leon Morris bemerkt, dass »kein höherer Anspruch hätte gestellt werden können«.[102]
In strengem Tonfall ermahnt Vers 38, dass jeder, der die einzigartige und göttliche Autorität des Paulus nicht anerkennt, selber nicht als geistliche Person oder Prophet anerkannt wird – ganz bestimmt nicht von Gott und hoffentlich auch nicht von ernsthaft fragenden Gläubigen. Tatsache ist, dass die Worte Paulus' die Worte Jesu Christi sind. Jesus Christus spricht durch Paulus. Was Paulus über die Frauen lehrt, lehrt auch Jesus Christus über die Frauen. Jeder, der sich als geistlich bezeichnet, sollte dies wissen. »Manche der Korinther meinten, eine geistliche Wahrnehmung zu haben. Sie sollten dies beweisen, indem sie die Inspiration erkannten, wenn sie sie sahen!«[103]

C. 1. Korinther 11,2-16: Leitung, Unterordnung und Ehre

1. Korinter 11 ist weder beliebt noch bekannt. Trotzdem, in den drei Abschnitten des ersten Korintherbriefes, aus denen in diesem Buch zitiert wird, ist das Kapitel 11 eine wahre Fundgrube von Christologien, christlichen Antrophologien, Engelkunde, alttestamentarischen Auslegungen, Geschlechterlehren und herausfordernden Interpretationen.
Unter den Korinthern herrschte eine Meinungsverschiedenheit, was das Tragen von Kopfbedeckungen anging. Paulus wollte, dass die Korinther die biblische Grundlage dieser Thematik richtig verstehen und gleichzeitig die gute Gewohnheit derer bestätigen, die an den »Überlieferungen«, die er sie gelehrt hatte, festhielten (V. 2).
In diesem Text werden auch Frauen erwähnt, die weissagen. Was wir hier festhalten wollen, ist, dass das Weissagen der Frauen im gleichen Atemzug mit der Lehre der Leitung des Mannes genannt wird. Beide Wahrheiten müssen miteinander im Einklang stehen; das eine schließt das andere nicht aus.
Es ist eine lange und komplizierte Passage, bitten Sie also Ihren himmlischen Vater, dass der Funken dieses aufschlussreichen Texts überspringt und Sie erleuchtet. Schenken Sie vor allem den Versen 3 und 7 Ihre Beachtung:

11,2 Ich lobe euch aber, dass ihr in allem meiner gedenkt und die Überlieferungen, wie ich sie euch überliefert habe, festhaltet.

11,3 Ich will aber, dass ihr wisst, dass der Christus das Haupt eines jeden Mannes ist, das Haupt der Frau aber der Mann, des Christus Haupt aber Gott.
11,7 Denn der Mann freilich soll sich das Haupt nicht verhüllen, da er Gottes Bild und Abglanz ist; die Frau aber ist des Mannes Abglanz.
11,8 Denn der Mann ist nicht von der Frau, sondern die Frau vom Mann;
11,9 denn der Mann wurde auch nicht um der Frau willen geschaffen, sondern die Frau um des Mannes willen.
11,10 Darum soll die Frau eine Macht auf dem Haupt haben, um der Engel willen.
11,11 Dennoch ist im Herrn weder die Frau ohne den Mann noch der Mann ohne die Frau.
11,12 Denn wie die Frau vom Mann ist, so ist auch der Mann durch die Frau; alles aber von Gott.
11,16 Wenn es aber jemand für gut hält, streitsüchtig zu sein, so soll er wissen, wir haben eine derartige Gewohnheit nicht, auch nicht die Gemeinde Gottes.

In 1. Korinther 11 wird die Leitung des Mannes mit den plausibelsten Argumenten belegt. Durch seine Stichhaltigkeit und die vielen Beispiele zu der Lehre der Leitung stellt dieser Text eine Parallelstelle zu Epheser 5 dar, ganz besonders zu sehen im dritten Vers: »Ich will aber, dass ihr wisst, dass der Christus das Haupt eines jeden Mannes ist, das Haupt der Frau aber der Mann, des Christus Haupt aber Gott.« Paulus führt weiterhin die Tatsache aus 1. Mose 2 an, dass der Mann »Gottes Bild und Ehre ist; die Frau aber […] die Ehre des Mannes« (rev. Schlachter 2000).
In 1. Korinther 11 wird die Lehre der Leitung nicht als zeitlich begrenzte Anpassung des ersten Jahrhunderts an die griechisch-römische Kultur präsentiert, sondern als dauerhafte, von Gott befohlene Ordnung der Geschlechter. Darüber hinaus, so argumentiert Paulus, sei dies die gängige Praxis aller anderen Gemeinden (V. 16).

Drei Beispiele von Leitung und Unterordnung

Paulus startet seine Ausführungen mit glühendem theologischem Eifer: »Ich will aber, dass ihr wisst, dass der Christus das Haupt eines jeden Mannes ist, das Haupt der Frau aber der Mann, des Christus Haupt aber Gott.« Durch diese drei Paarungen (Christus/Mann, Mann/Frau, Gott/Christus) bestätigt Paulus, dass zwischen Christus und dem Mann, zwischen dem Mann und der Frau und zwischen Gott und Christus eine Beziehung von Leitung und Unterordnung existiert. Diese Beziehungen können nicht einfach abgeändert werden, um der Gleichberechtigungs-Philosophie der säkularen Welt zu entsprechen. Das Miteinander von Leitung und Unterordnung zwischen Mann und Frau ist keine kulturelle Anpassung; es ist von Gott geplant worden.

Christus/Mann

Paulus möchte zunächst, dass seine Leser begreifen: »Christus [ist] das Haupt eines jeden Mannes.« Gott schließt den Mann nicht von der Unterordnung aus. Kein Mann kann allein machen, was er will. Jeder Mann ist einem Leiter, einer Autoritätsperson, einem ›Haupt‹ unterstellt. Dieses Haupt ist Christus. Gläubige Frauen sollten wissen, genau wie auch die gläubigen Männer, dass jeder Mann sich der Leitung dieses Hauptes unterordnen und ihr gehorchen soll. Daraus ergibt sich eine wichtige Lektion für die Männer. Da Christus Haupt ist, ist er ein perfektes Beispiel für göttliche Leitung. Christus würde niemals die misshandeln, die seiner Leitung unterstellt sind. »Darum haben sie [Männer] nicht die Freiheit, ihre Leitung so zu definieren und auszuüben, wie auch immer sie wollen, sondern nur nach dem Vorbild der Leitung Christi und im Einklang mit seiner Lehre über die Leitung von Männern, die den Aposteln eingehaucht wurde (Eph 5,23-33; 1Petr 3,7).«[104]

Mann/Frau

Als Zweites möchte Paulus seinen Lesern vermitteln, dass »der Mann das Haupt der Frau ist«. Dieser Punkt steht nicht nur in der Mitte der drei Aussagen, es ist auch die Hauptaussage des ganzen Zusammenhangs. Manche der Gläubigen in der Gemeinde von Korinth mögen aus ihrer neuen Freiheit und Position in Christus die falschen, unbiblischen Schlüsse gezogen haben. Deshalb erinnert Paulus sie daran, dass die Beziehung von Leitung und Unterordnung zwischen Mann und Frau mit voller Absicht besteht.[105] Ge-

nau genommen wird nur von der Frau nicht von einem »Haupt« gesprochen. Der Mann ist Haupt, Christus ist Haupt und Gott ist Haupt.
Dieser Vers steht im Gegensatz zu der Meinung der Feministinnen, dass die Unterordnung der Frau eine direkte Folge des Sündenfalls ist (1Mo 3,16) und dass das Erlösungswerk Christi am Kreuz unter anderem diesen Fluch der Leitung und Unterordnung von Mann und Frau aufhob. Dieser Vers zeigt ganz klar, dass so wie der gekreuzigte, auferstandene und erhöhte Christus das Haupt der neuen Schöpfung ist, er das Haupt des Mannes ist. Gott wiederum ist das Haupt Christi und der Mann ist das Haupt der Frau. Genauso wenig, wie die Frau minderwertig ist, weil sie sich ihrem Mann unterordnet, ist Christus minderwertig, weil er sich Gott dem Vater unterordnet.
Das Miteinander von Leitung und Unterordnung des Mannes und der Frau wird nicht nur durch die ursprüngliche Schöpfungsordnung bewiesen, sondern in der noch gewaltigeren Ordnung der Gottheit. Folglich ist die Autorität des Mannes in Gottes Natur selber gewurzelt. Darüber hinaus soll auch die örtliche Gemeinde Jesu Christi dieses Leitungsgefüge zwischen Mann und Frau widerspiegeln, indem nämlich einige Regelungen in Bezug auf die Geschlechter getroffen werden.

Gott/Christi

Drittens möchte Paulus seinen Lesern zu verstehen geben, dass »Gott das Haupt des Christus ist«. Durch diese Aussage betont Paulus die Beziehung von Autorität und Unterordnung zwischen Gott dem Vater und Gott dem Sohn. Christus unterstellt sich Gott dem Vater. Also nimmt Jesus Christus gleichzeitig die Rolle des Hauptes und des Untergeordneten ein. Er ist somit ein Beispiel für beide Geschlechter.
Jesus Christus ist Gott, der Sohn. Er ist vollkommen und auf ewig Gott, dem Vater, in Wesen, Macht, Herrlichkeit und Wert gleichgestellt; trotzdem nimmt er eine andere Rolle und Mission ein. In seiner Rolle und Mission als Erlöser, gesandt von Gott, dem Vater, ist er praktisch Gott untergeordnet.[106]
Bewusst gehorcht er Gott dem Vater und ordnet sich seiner Autorität und seinem Willen unter (1Kor 15,28, siehe auch 3,23). S. Lewis Johnson Jr., ehemals Professor am Dallas Theological Seminary, fasst diese Wahrheit mit erstaunlicher Präzision zusammen:

> Den endgültigen und vielsagendsten Beweis, dass Gleichwertigkeit und Unterordnung miteinander im herrlichen Einklang stehen können, findet man in der Vermittlerrolle des Sohnes Gottes, »Gott aus Gott«, »Licht aus dem Licht«, »der wahre Gott aus dem wahren Gott« (Nicea), der sie [seine Mission] vollendet hat in der wahren Befreiung der Unterordnung zu seinem Vater (vgl. Joh 8,21-47; 1Kor 15,24-28; 11,3).[107]

Was für eine unglaubliche Ermutigung diese Wahrheit doch darstellt! Wenn Jesus Christus, unser Herr, sich von ganzem Herzen dem Willen seines Hauptes unterordnete und durch diesen Gehorsam leiden musste, dann kann jeder gläubige Mann und jede gläubige Frau sich freudig ihrem jeweiligen Haupt unterordnen, sogar wenn es unangenehm oder schwer ist. »*Daraus schließen wir sofort, wie wichtig Leitung im ganzen Bereich des Erlösungswerks ist: bei Gott hat jeder, egal ob Mann oder Frau oder sogar Christus selber, ein Haupt über sich stehen* (Hervorhebungen hinzugefügt).«[108]

Die ursprüngliche Schöpfungsordnung

In den Versen 7-12 konfrontiert Paulus uns mit einem zweiten Beweis, um das Thema Kopfbedeckung zu untermauern: der Schöpfungsbericht von Mann und Frau. Diesen Bericht heranzuführen, um die Rollen von Mann und Frau zu bekräftigen, ist eine Übereinstimmung mit Paulus' sonstiger Vorgehensweise in ähnlichen Zusammenhängen (1Kor 14,34; 1Tim 2,12-14; Eph 5,31-32). Nehmen Sie sich einen Augenblick Zeit, um die folgenden Verse (rev. Schlachter 2000) zu lesen.

> 11,7 Denn der Mann darf das Haupt nicht bedecken, weil er Gottes Bild und Ehre ist; die Frau aber ist die Ehre des Mannes.
> 11,8 Denn der Mann kommt nicht von der Frau, sondern die Frau vom Mann;
> 11,9 auch wurde der Mann nicht um der Frau willen erschaffen, sondern die Frau um des Mannes willen.
> 11,11 Doch ist im Herrn weder der Mann ohne die Frau noch die Frau ohne den Mann.
> 11,12 Denn gleichwie die Frau vom Mann kommt, so ist auch der Mann durch die Frau; aber das alles von Gott.

a. Der Mann ist Gottes Bild und Ehre

Paulus schreibt, dass der Mann »Gottes Bild und Ehre ist« (V. 7). Er ist nicht nur als Gottes Ebenbild erschaffen worden, sondern spiegelt auch die Herrlichkeit Gottes wider. Diese wichtige und grundlegende Lehre sollte nicht leichtfertig außer Acht gelassen werden. Vers 7 verdient besondere Aufmerksamkeit und Überlegungen.
Als Gott den ersten Menschen schuf, erschuf er ein männliches Wesen. Das männliche Wesen dieser Spezies wurde zuerst und direkt von Gott erschaffen und wurde zum Herrn der Erde ernannt. Wenn wir zurück zu Vers 3 gehen, sehen wir, dass der Mann zum »Haupt« berufen wurde, genauso wie auch Christus und Gott beide Haupt sind. Dies trifft aber nicht auf die Frau zu. Also stellt der Mann eine Rolle dar, die Gottes Rolle als Haupt und Autorität widerspiegelt: »Männer sind wie Lupen, die verschiedene Eigenschaften Gottes vergrößern.«[109]

DIE EHRE GOTTES

Die Ehre Gottes zu sein heißt, sowohl einige der kennzeichnenden Charaktereigenschaften Gottes widerzuspiegeln als auch ihm Lobpreis zu geben. William E. und Barbara K. Mouser zählen folgende Beispiele in ihren Kursen *Five Aspects of Man* und *Five Aspects of Woman* auf, in denen der Mann Gott eine Ehre ist:
Erstens sind Männer eine Ehre für Gott, da sie Stärke und Autorität in ihrem Verhalten und Körperbau demonstrieren. »Gott gab den Männern die Ehre der Kraft. Ihre Knochen und Muskeln sind größer und kräftiger, während ihre Gesichtszüge eingemeißelter wirken. Männerstimmen sind tiefer und klingen autoritärer. Das männliche Wesen wird durch Selbstbeherrschung, Entschlossenheit und Initiative charakterisiert (Spr 30,29-31). Letztendlich entspringen Stärke, Autorität und Macht von Gott. Er erwies den Männern die Ehre, diese Eigenschaften in ihrem Körperbau und Verhalten vorzustellen.«[110]
Zweitens offenbaren Männer die Ehre Gottes, indem sie »mit Gott ihre männlichen Rollen teilen, wie die des Vaters, Sohnes, Bräutigams, Ehemanns, Kriegers, Königs und Priesters. Für Männer sind diese Rollen eine Tugend ihrer geschaffenen Männlichkeit«.[111]

Drittens offenbaren Männer die Ehre Gottes, indem sie die Leitung in der Anbetung übernehmen. »Männer waren die Vorsteher ihrer Familien im Alten Testament und zudem Könige und Priester … Das Neue Testament lehrt, dass Männer die Funktion des Ältesten übernehmen sollen (1Tim 2 und 3), dass Männer die letztliche Verantwortung für die Auslegung und die Verteidigung der Schrift haben (1Kor 14,29-40) und dass Männer und Frauen die erschaffene Ordnung in der Anbetung beachten und respektieren sollen (1Kor 11,3-16).«[112]

Die Frau ist die Ehre des Mannes

Im Gegensatz dazu ist die Frau »die Ehre des Mannes«. Paulus hütete sich sorfältig davor, zu sagen, dass die Frau ein Bild des Mannes ist, denn das ist sie nicht. Der Schöpfungsbericht veranschaulicht ganz klar, dass die Frau, wie auch der Mann, im Bilde Gottes geschaffen wurde (1Mo 1,27). Sowohl der Mann als auch die Frau tragen das Ebenbild Gottes und sind sich darin gleich. Trotzdem sind Männner und Frauen im Hinblick auf ihre geschlechtsspezifischen Unterschiede und ihre Rollen in der Beziehung unterschiedlich geschaffen worden. Deswegen ist auch die Ehre des Mannes eine andere als die Ehre der Frau. Dass die Frau die Ehre des Mannes ist, wird in den Versen 8 und 9 illustriert und und zitiert.

Die Frau ist vom Mann

Gott erschuf Adam zuerst und direkt (1Mo 2,7). Gott formte Eva aus der Seite des Mannes (1Mo 2,21). In Vers 8 ist zu lesen: »Denn der Mann kommt nicht von der Frau, sondern die Frau vom Mann«. Paulus zitiert dies mit Betonung auf den Vorrang des Mannes. Die Frau wurde aus dem Leib des Mannes geformt, insofern ist sie »die Ehre des Mannes«. Paulus greift in 1. Timotheus 2,13 auf dieselben Tatsachen der Schöpfungsordnung zurück, um die Leitung der Gemeinde durch einen Mann zu bekräftigen.

Die Frau ist für den Mann

Paulus schreibt in Vers 9: »auch wurde der Mann nicht um der Frau willen erschaffen, sondern die Frau um des Mannes willen.« Dieser

Vers bezieht sich auf 1. Mose 2,18, in dem Gott die Frau schuf »als eine Hilfe […], die ihm [Adam] enstpricht«. Ihre Aufgabe bestand darin, dem Mann zu helfen und ihn zu unterstützen. Deshalb ist »die Rolle des Mannes nicht zu den Bedingungen der Frau definiert, sondern die der Frau zu den Bedingungen des Mannes«.[113] Auch hierin ist die Frau eine Ehre des Mannes.

Gott schuf die Frau für den Mann, um seine Hilfe und Gefährtin zu sein. So wie eine wunderschöne, weise Königin die wahre Krone des Königs ist, so ist die Frau die Ehre des Mannes. Gott schuf die Frau, damit sie die Leitung ihres Mannes reflektiert, indem sie sie anerkennt, offenbart, sich ihr unterordnet und sie annimmt.

Dies ist keine kulturelle Angelegenheit oder Konzept. Es ist der göttliche Plan. Dadurch, dass die Frau das Ebenbild Gottes ist – durch ihre Schönheit, ihre Grazie und Weisheit; ihre Macht, Leben zu schenken; ihre Abhängigkeit vom Mann; ihre sexuelle Ansprechbarkeit; durch ihre Unterstützung seiner Führung und Autorität – ist sie seine Ehre. Gleichwie die Frau die Ehre des Mannes ist, so ist seine Braut, die Gemeinde, die Ehre Christi.

Die gegenseitige Abhängigkeit von Mann und Frau

Paulus hat Verständnis dafür, wie leicht das Thema der Unterschiede von Männern und Frauen missverstanden oder sogar von sündigen Menschen ausgenutzt werden kann. Deshalb bildet er in den Versen 11 und 12 ein Gegengewicht zu seiner Aussage, dass die Frau die Ehre des Mannes ist, indem er die gegenseitige Abhängigkeit der Geschlechter hervorhebt.

Der Mann ist das Haupt der Frau (V. 3), aber er ist auch von der Frau abhängig und braucht sie genauso, wie sie ihn braucht (V. 11-12). Die Wahrheiten aus den Versen 3 und 7 sollten niemals von der Wahrheit der Verse 11 und 12 getrennt werden. Leitung und Unterordnung muss immer in Verbindung mit Gleichwertigkeit und gegenseitiger Abhängigkeit der Geschlechter gelehrt werden. Oder wie der inspirierte Schreiber sagt: »Doch ist im Herrn weder der Mann ohne die Frau noch die Frau ohne den Mann« (V. 11). Diese Abhängigkeit wird in Vers 12 erläutert. So, wie Eva aus Adam geformt wurde (ihre Abhängigkeit von ihm), so verdankt der Mann seine Existenz einer Frau, durch die er nämlich geboren wurde (seine Abhängigkeit von ihr).

Zusätzlich kommt aber »das alles von Gott«. Beide, der Mann und die Frau, entstammen ursprünglich aus der Hand Gottes. Er ist der Schöpfer, der unsere Existenz und Persönlichkeit definiert. Er ist der Töpfer, wir sind der Ton. Alle sind von ihm abhängig. Lassen Sie deshalb niemanden sich als den »Schöpfer« oder »Herrn« des anderen bezeichnen.
Die drei Schlüsselworte des Neuen Testaments – »Haupt«, »Unterordnung« und »Autorität ausüben« – vertreten ganz klar die Lehre von Leitung und Unterordnung. Paulus Anweisungen zu diesem Thema an die Gemeinden in Ephesus, Korinth, Kolossae und Kreta erinnern uns daran, dass in einer von Sünde gezeichneten Welt auch die Christen offensichtlich ihre Probleme mit Leitung und Unterordnung haben. Deswegen musste Paulus Gottes ursprünglichen Plan der Schöpfung für die Männer und Frauen noch einmal bestätigen. Die Christenheit hat nicht Gottes ursprünglichen Plan für die Männer und Frauen abgeschafft; sie hat ihn definiert.

D. Römer 16,1-6; Apostelgeschichte 16,14.15; 18,24-26; Philipper 4,2-3; 1. Timotheus 3,11: Der Dienst der Frau

Obwohl Frauen nicht als hirtendienstliche Älteste in den ersten Gemeinden dienen durften, dienten sie aktiv in der Gemeinschaft der Christen und evangelisierten auch. Sie waren Dienerinnen Gottes und dienten dem Volk Gottes.

Römer 16,1-16

Paulus nennt einige dieser Frauen am Ende seines Briefes an die Gläubigen in Rom (V. 1-16). Er erwähnt oder grüßt 29 Personen, von denen mindestens acht oder neun Frauen sind: Phöbe, Priscilla, Maria, Junias (?), Tryphena, Tryphosa, Persis, die Mutter des Rufus, Julia, die Schwester des Nereus. Dieser Abschnitt beweist eindeutig, dass Paulus eine hohe Achtung vor Frauen hatte.
Diese Frauen waren Paulus' Schwestern im Herrn, seine geliebten Freunde und Mitarbeiterinnen des Evangeliums. Er ist hocherfreut, sie für ihren selbstlosen Dienst, ihren Mut, harte Arbeit und Liebe loben zu dürfen. Ihre Arbeit war entscheidend notwendig für das Werk des Herrn. Darum schätzt und bestätigt er sie.
Was für ein Beispiel sollte dies für uns sein! Viel zu oft werden

Schwestern, die für den Herrn hart arbeiten, nicht wertgeschätzt und kaum beachtet. Merken Sie sich, wie unterschiedlich Paulus über sie denkt, während Sie den nächsten Abschnitt lesen:

16,1 Ich empfehle euch aber unsere Schwester Phöbe, die eine Dienerin der Gemeinde in Kenchreä ist,
16,2 damit ihr sie im Herrn aufnehmt, der Heiligen würdig, und ihr beisteht, worin immer sie euch braucht; denn auch sie ist vielen ein Beistand gewesen, auch mir selbst.
16,3 Grüßt Priska und Aquila, meine Mitarbeiter in Christus Jesus,
16,4 – die für mein Leben ihren eigenen Hals preisgegeben haben, denen nicht allein ich danke, sondern auch alle Gemeinden der Nationen –,
16,6 Grüßt Maria, die viel für euch gearbeitet hat.
16,7 Grüßt Andronikus und Junias, meine Verwandten und meine Mitgefangenen, die unter den Aposteln ausgezeichnet sind, die schon vor mir in Christus waren.
16,12 Grüßt Tryphäna und Tryphosa, die im Herrn arbeiten. Grüßt Persis, die Geliebte, die viel gearbeitet hat im Herrrn.
16,13 Grüßt Rufus, den Auserwählten im Herrn, und seine und meine Mutter.
16,15 Grüßt Philologus und Julia, Nereus und seine Schwester und Olympas und alle Heiligen bei ihnen.

Phöbe

Die erste Frau, die Erwähnung findet, ist Phöbe. Enthusiastisch empfiehlt Paulus sie den Christen in Rom als eine Schwester im Glauben und »eine Dienerin der Gemeinde in Kenchreä«. Der griechische Ausdruck hier für »Dienerin« ist *diakonos*. Es ist der griechische Ausdruck für *Diakon*, der aber auch mit *Diener* im allgemeinen, nicht-offiziellen Sinn übersetzt werden kann. Was Paulus genau unter *diakonos* versteht ist unklar, da beide Bedeutungen vom Zusammenhang her passen würden.
Wenn sie eine Diakonisse war, arbeitete Phöbe in Diensten, die Güte und Barmherzigkeit verlangten, denn nichts anderes ist die Pflicht eines neutestamentlichen Diakons. Sie hätte unter den Armen, Kranken und bedürftigen Witwen der Gemeinde gearbeitet. Falls Paulus

mit *diakonos* den Dienst im informellen Sinn gemeint hat, diente Phöbe der Gemeinde aufopferungsvoll auf vielerlei praktische Weise: mit Gastfreundschaft, finanziellen Gaben, Besuchsdiensten, Gebet, Zeugnis, lehrte andere Frauen, durch Seelsorge und gute Taten. Paulus schreibt auch, dass sie »vielen ein Beistand gewesen [ist], auch mir selbst«. Manche sagen, der griechische Ausdruck »Beistand« (*prostatis*) bedeute »Patron« oder »Anführer«[114], was zur Folge hätte, dass Phöbe eine Pastorin oder Führerin in der Gemeinde gewesen sei. Diese Auslegung passt jedoch nicht in den Zusammenhang der Stelle. In der weiblichen Form und in dem gegebenen Zusammenhang ist die Übersetzung mit »Beistand« am treffendsten, da sie eine Person beschreibt, die Hilfe leistet.[115]

Paulus bittet die Gläubigen in Rom, dass sie Phöbe »beistehen« (*paristemi*) sollen, da sie ein »Beistand« (*prostatis*) für viele Christen gewesen sei, einschließlich ihm selber. Es gibt ein paar Hinweise, dass Phöbe eine vermögende Frau war. Wenn, dann benutzte sie ihre Mittel, um »vielen« der Christen beizustehen, Paulus eingeschlossen (Röm 16,2). Paulus sagt hier nicht, dass sie viele Leute, einschließlich ihn selber, geführt hat. Der Punkt ist, dass ihr geholfen werden sollte, weil sie selber vielen geholfen hatte, einer von diesen war er selber. Alle verbreiteten englischen Bibelübersetzungen geben diesen Ausdruck genauso wieder.

Phöbe war eine Arbeiterin für den Herrn und unter den Christen in Kenchreä eine einflussreiche, leitende Frau. Sie war ein Vorbild für die christliche Liebe und den Dienst. Nichts in dem Text weist jedoch darauf hin, dass sie eine Älteste, Aufseherin oder Lehrerin in der Gemeinde war, oder dass die Gemeinde unter ihrer Obhut stand.

Priska (Priscilla)

Die zweite Frau, die erwähnt wird, ist Priska, die Frau des Aquila (V. 3). Priska (auch Priscilla genannt) und Aquila waren Paulus' »Mitarbeiter in Christus Jesus«, was bedeutet, dass sie als Ehepaar ein evangelistisches Team bildeten. Wie auch Paulus hatten sie sich der Verbreitung des Evangeliums verschrieben. Durch ihre Liebe und Wertschätzung für Paulus riskierten sie einmal ihr eigenes Leben für ihn, um ihn aus einer lebensbedrohlichen Situation zu retten, deren genaueren Umstände uns unbekannt sind. Paulus war stolz, Priscilla und Aquila Mitarbeiter und Gefährten in der Missionsarbeit nennen zu dürfen. Paulus und »alle Gemeinden der Nationen« dankten diesem Paar von ganzem Herzen für das Ergebnis ihrer Arbeit und für ihren erstaunlichen Mut.

Maria

Paulus grüßt Maria und bestätigt, dass sie »viel für euch gearbeitet hat« (V. 6). Worin auch immer ihre Arbeit bestand, wissen wir nicht, aber Paulus hatte von ihrem Dienst für die Christen in Rom gehört. Er würdigt ihre Hingabe für das Volk Gottes aufrichtig und erinnert die römischen Gläubigen an ihren Dienst. Sie brauchte Anerkennung und Lob für ihre Arbeit.

Junias

Es gibt Unstimmigkeiten in Bezug auf den Namen und die Stellung von »Junias«. In Vers 7 steht: »Grüße Andronikus und Junias, meine Verwandten und meine Mitgefangenen, die unter den Aposteln ausgezeichnet sind, die schon vor mir in Christus waren.« Man ist sich nicht einig, ob Junias (griechisch *Iounian*) eine Frau oder ein Mann war. Wenn sie eine Frau war, war ihr Name Junia, sollte er ein Mann gewesen sein, hieß er Junias.

Was diesen obskuren Text zur Fundgrube von Streitigkeiten hochdozierter Bibelausleger macht, ist die Beschreibung von Andronikus und Junias als »unter den Aposteln ausgezeichnet«. Evangelikale Feministinnen ergreifen diesen Text als ein Beispiel für eine Frau als Apostel. Aber es gibt einige Gründe, die gegen diesen Fall sprechen.

Erstens: Wenn man die Erkenntnisse, die einem heutzutage zur Verfügung stehen, anschaut, kann man einfach nicht mit Sicherheit sagen, ob der Name (*Iounian*) ein weiblicher oder männlicher Name ist. Wie nicht anders zu erwarten, bevorzugen die Anhänger der komplementären Sichtweise den männlichen Namen Junias, während Feministinnen den weiblichen Namen, Junia, vorziehen.

Zweitens: Die Tatsache, dass Jesus Christus selber nur Männer zu Aposteln berief und dass alle anderen Personen, die im Neuen Testament als Apostel benannt werden, eindeutig männlich sind, sollte zeigen, dass man vorsichtig damit sein muss, mit dieser Passage die Existenz von weiblichen Aposteln zu Zeiten des Neuen Testaments beweisen zu wollen.

Drittens: Die folgenden Aussagen des Paulus, »Ich erlaube aber einer

Frau nicht, zu lehren, noch über den Mann zu herrschen«, »der Mann aber ist das Haupt der Frau« sowie, dass Frauen in den Zusammenkünften »sich unterordnen« sollen, unterstützen nicht die Theorie eines weiblichen Apostels. Tatsächlich stehen sie im krassen Widerspruch dazu. Wenn wir die Lehren Paulus' über die Rollen von Männern und Frauen in der Familie und der Gemeinde als Ganzes betrachten und ernst nehmen, ist es sehr schwer zu glauben, dass sich hinter seinem Freund Junias ein hochgelobter weiblicher Apostel verbirgt.

Darum ist es sehr überraschend, wenn ein anerkannter Ausleger wie James Dunn erklärt: »Wir können jedoch sicher zusammenfassen, dass ein Apostel, der die Christenheit mitbegründet hat, sowohl weiblich, als sogar eine Ehefrau war.«[116] Eine solche Aussage ist reines Wunschdenken und keine unverrückbare Tatsache.

Tryphäna, Tryphosa, Persis und die Mutter des Rufus

Paulus sendet Grüße an Tryphäna und Tryphosa, die möglicherweise Schwestern waren (V. 12). Paulus schreibt, dass sie »im Herrn arbeiten«. Was genau sie taten, wird nicht erwähnt.

Liebevoll nennt Paulus Persis »die Geliebte« (V. 12). Die Vergangenheitsform »die viel gearbeitet hat«, lässt schließen, dass sie entweder eine alte Frau geworden ist oder krank ist und ihre Jahre der harten Arbeit in der Vergangenheit liegen. Indem sie »vielen« diente, ist sie vielen lieb geworden, weswegen sie ein Ansehen bekam, das Tryphäna und Tryphosa nicht bescheinigt wird.«[117]

Der Name der Mutter des Rufus ist uns unbekannt, dem Herrn dafür aber sehr wohl bekannt (V. 13). Diese Frau hat Paulus mit einer mütterlichen Fürsorge behandelt, so dass er sich wie ihr eigener Sohn fühlte.

Apostelgeschichte 16,14.15; Philipper 4,2.3: Lydia, Evodia und Syntyche

Paulus arbeitete auch mit anderen Frauen, die er gerne lobte. In der Gemeinde von Philippi sind uns die Namen von drei fleißigen und einflussreichen Frauen bekannt: Lydia, Evodia und Syntyche. Lesen Sie Philipper 4,2.3:

4,2 Die Evodia ermahne ich, und die Syntyche ermahne ich, dieselbe Gesinnung zu haben im Herrn.

4,3 Ja, ich bitte auch dich, mein rechter Gefährte, stehe ihnen bei, die in dem Evangelium zusammen mit mir gekämpft haben, auch mit Klemens und meinen übrigen Mitarbeitern, deren Namen im Buch des Lebens sind.

Von Evodia und Syntyche konnte Paulus berichten, dass sie »in dem Evangelium zusammen mit mir gekämpft haben« und deswegen »Mitarbeiter« waren (Phil 4,3). Paulus gebraucht einen Begriff aus der Sprache des Militärs, um zu beschreiben, wie diese beiden Frauen an seiner Seite für das Evangelium gekämpft haben. Ihr Dienst war wichtig für seine einzigartige Mission der Verbreitung des Evangeliums und für die Gemeinde in Philippi. Heute könnten wir wohl solche Frauen als Missionare bezeichnen.
Lydia war eine Geschäftsfrau und die erste der Gemeinde in Philippi, die sich bekehrt hatte. Auch sie war eine dynamische und mächtige Frau. Ihr Zuhause wurde eine Heimat für Paulus und wahrscheinlich zu dem ersten Treffpunkt der Gemeinde. »Welche Rolle Lydia wirklich in der Zusammenkunft der Gläubigen spielte, ist bloße Vermutung.«[118] Lukas schreibt in Apostelgeschichte 16,14-15:

16,14 Und eine Frau mit Namen Lydia, eine Purpurkrämerin aus der Stadt Thyatira, die Gott anbetete, hörte zu, deren Herz tat der Herr auf, dass sie achtgab auf das, was von Paulus geredet wurde.
16,15 Als sie aber getauft worden war und ihr Haus, bat sie und sagte: Wenn ihr urteilt, dass ich an den Herrn gläubig sei, so kehrt in mein Haus ein und bleibt! *Und sie nötigte uns* (Hervorhebungen hinzugefügt).

Diese drei Frauen wurden alle zu geschätzten Freunden Paulus' in der Verkündigung des Evangeliums.

Apostelgeschichte 18,24-26: Priscilla, Aquila und Apollos

Eine Begebenheit im Dienst von Priscilla und Aquila hat schon viel Diskussion hervorgerufen. Als Priscilla und Aquila den beredten Evangelisten Apollos das erste Mal trafen, fiel ihnen auf, dass sein Verständnis des Evangeliums lückenhaft war:

18,24 Ein Jude aber mit Namen Apollos, aus Alexandrien gebürtig, ein beredter Mann, der mächtig war in den Schriften, kam nach Ephesus.
18,25 Dieser war im Weg des Herrn unterwiesen, und, brennend im Geist, redete und lehrte er sorgfältig die Dinge von Jesus, obwohl er nur die Taufe des Johannes kannte.
18,26 Und dieser fing an, freimütig in der Synagoge zu reden. Als aber Priscilla und Aquila ihn hörten, nahmen sie ihn zu sich und legten ihm den Weg Gottes genauer aus.

Bezüglich dieses Berichtes verkündigte ein feministischer Ausleger freudig erregt: »Ein eindeutiger Hinweis darauf, dass eine Frau mit Vollmacht in der Gemeinde gelehrt hat.«[119] Jedoch liefert dieser Bericht keinerlei »eindeutigen Hinweis«.
Nicht eine Sekunde lang wollen wir Priscillas Wissen und Hingabe an das Evangelium oder ihren Einfluss auf Apollos schmälern, denn sie war eine großartige Frau. Trotzdem deutet dieser Text eigentlich nicht an, dass Priscilla die Gemeinde belehrt hat oder gar eine Älteste war. Genau genommen sagt der Text überhaupt nichts über eine Gemeinde. Wovon Lukas berichtet, ist ein privates Treffen zwischen drei Personen, von welchem keine näheren Angaben gemacht werden.

1. Timotheus 3,11: Weibliche Diakone

Viele vernünftige Bibelausleger glauben, dass in 1. Timotheus 3,11 weibliche Diakone erwähnt werden, die Frauen dienen.

3,11 Ihre Frauen sollen ebenso ehrbar sein, nicht verleumderisch, nüchtern, treu in allem.

Andere wiederum sehen in diesen Frauen Ehefrauen, die ihren Männern, die Diakone sind, helfen.[120] Aber selbst wenn sie Diakonissen sind, besteht ihre Aufgabe in Diensten der Barmherzigkeit und nicht in Leitung und Lehre. Deshalb verletzen Diakonissen auch nicht Paulus' Einschränkungen der Frauen in Bezug auf Leitung.
Der Heilige Geist begabt und rüstet alle Gläubigen für den Dienst aus – Männer wie Frauen. Die Frauen des ersten Jahrhunderts spielten eine unentbehrliche Rolle in dem Werk des Herrn. In den ersten Tagen der christlichen Bewegung wurden sie wertgeschätzt, eingebunden und

waren aktiv am Geschehen beteiligt (Apg 1,14). Trotzdem übten sie ihre Aktivitäten um die Verbreitung des Evangeliums und um die Fürsorge des Volkes Gottes so aus, dass sie die göttliche Struktur der Leitung der Gemeinde durch einen Mann nicht verletzten. Laut dem Neuen Testament und abhängig von ihrer jeweiligen Begabung, geistlichen Reife und im angemessenen Rahmen, sollten gläubige Frauen:

- sich von ganzem Herzen am Werk des Herrn beteiligen, Gott und seinem Volk mit den ihnen von Gott zur Verfügung gestellten Gaben dienen (1Kor 7,34; 11,5; 16,15; Apg 16,15; Röm 16,1-4.6.12)
- fleißig die Lehren der Schrift studieren und von ihnen lernen. Sie sollten in der Lage sein, ihren Glauben jederzeit zu verteidigen und andere im Glauben zu unterweisen (1Petr 3,15; Apg 18,26; 1Tim 2,11)
- aktiv das Evangelium bezeugen (Phil 4,2-3; 2Tim 1,5)
- mit barmherzigen Diensten an Bedürftigen beschäftigt sein (Lk 8,1-3; Apg 9,36.39; 1Tim 2,10; 3,11; 5,10.16; Röm 16,13)
- der örtlichen Gemeinde dienen (Röm 16,1.6)
- anderen Frauen helfen, häusliche Fähigkeiten zu entwickeln (Tit 2,4.5)
- Gastfreundschaft zeigen (Apg 16,15; 18,3; 1Tim 5,10)
- beten und weissagen (1Kor 7,5; 11,5; Apg 21,9; 1Tim 5,5; Offb 2,20)
- für ihre Ehemänner und Kinder sorgen (1Tim 2,15; 5,10.14; Tit 2,4.5)

Das Prinzip der männlichen Leitung verringert nicht die Bedeutung und Notwendigkeit aktiver Beteiligung von Frauen am Werk des Herrn. Frauen sind großartige Evangelisten, Kämpfer im Gebet, barmherzige Diener, geben Fürsorge, weise Ratschläge und lieben den Herrn. Viele Frauen haben für das Evangelium gelitten und starben als Märtyrerinnen. Wir dürfen sie niemals vergessen, ihren Dienst für den Herrn gering schätzen oder für ihren Beitrag undankbar sein.

E. Galater 3,28: Die Einheit in Jesus Christus

Ich werde diesen Abschnitt mit einem letzten Auszug aus der Schrift schließen, nämlich Galater 3,28. Dieses ist ein herrlicher Auszug,

sowohl für die Frau, als auch für den Mann. Das Geschlecht macht bei der Errettung und allem daraus resultierenden Segen keinen Unterschied. Obwohl sich alle Christen darüber einig sind, dass dies ein gewaltiger Text ist, wird leider sehr viel um ihn gestritten.
Für unsere feministischen Brüder und Schwestern stellt Galater 3,28 den theologischen Startschuss für die Diskussion um die Geschlechter dar. Dies ist der zwingende Schlüssel für die Auslegung aller Passagen, in denen es um die Geschlechter geht. Verfechter der komplementären Sichtweise bestreiten diese Behauptungen jedoch. Während Sie diese Verse lesen, konzentrieren Sie sich auf Vers 28, besonders auf den bis zur Erschöpfung diskutierten Teil – »da ist nicht Mann noch Frau«. Da Paulus eine komplexe Argumentationskette auf der Geschichte des Alten Testaments aufbaut, benötigt dieser Text Ihre ganze Aufmerksamkeit, damit Sie ihm folgen können und ihn verstehen. Vielleicht möchten Sie den ganzen Zusammenhang lesen, der bei Galater 3,1-4.7 beginnt:

3,16 Dem Abraham aber wurden die Verheißungen zugesagt und seiner Nachkommenschaft. Er spricht nicht: »und seinen Nachkommen« wie bei vielen, sondern einem: »und deinem Nachkommen«, und der ist der Christus.
3,17 Dies aber sage ich: Einen vorher von Gott bestätigten Bund macht das vierhundertdreißig Jahre später entstandene Gesetz nicht ungültig, so dass die Verheißung unwirksam geworden wäre.
3,18 Denn wenn das Erbe aus dem Gesetz kommt, so kommt es nicht mehr aus der Verheißung; dem Abraham aber hat Gott es durch Verheißung geschenkt.
3,26 denn ihr alle seid Söhne Gottes durch den Glauben in Christus Jesus.
3,27 Denn ihr alle, die ihr auf Christus getauft worden seid, ihr habt Christus angezogen.
3,28 Da ist nicht Jude noch Grieche, da ist nicht Sklave noch Freier, da ist nicht Mann noch Frau; denn ihr alle seid einer in Christus Jesus.
3,29 Wenn ihr aber des Christus seid, so seid ihr damit Abrahams Nachkommenschaft und nach Verheißung Erben.

Der Kontext, in dem Galater 3,28 erscheint, dreht sich besonders um die Frage der Errettung, was unangefochten das zentrale Thema der Theologie des Paulus ist. Falsche Lehrer (Judaisten genannt) hatten sich in die neu gegründete Gemeinde in Galatien eingeschlichen. Sie lehrten, dass die Christen aus den Nationen dem Gesetz Moses gehorchen mussten, um wirklich errettet zu sein (s. Apg 15,1). Es ist diese falsche Lehre, die Paulus in Galater 3,1-4.7, dem allgemeinem Zusammenhang unseres Textes, widerlegt.

Die Bedeutung von Galater 3,28

Der Zusammenhang von Galater 3,28 spricht Gottes Erlösungsplan an; der Zweck des Gesetzes; eine Einführung in die Verheißungen, die Abraham gegeben wurden; die Bedingungen der Errettung, der Sohnschaft, des Erbes und der Einheit in Christus, sowie Rechtfertigung aus Glauben getrennt vom Mosaischen Gesetz. Die Aussage des Verses 28 lautet deswegen, dass es keinen Unterschied macht, ob man männlich oder weiblich ist, Jude oder Grieche, Sklave oder Freier, wenn es um die Errettung geht. Es ist die Einheit im Glauben mit Christus, die den Unterschied macht, egal, welche Rasse oder welches Geschlecht man hat oder aus welcher sozialen Schicht man kommt.

Der Mann, der diese Worte niederschrieb, war ein strenger jüdischer Pharisäer. Bevor er die Gute Nachricht Christi kannte, glaubte Paulus, dass die Verheißung Abrahams den Juden galt – besonders einem freien, männlichen und erwachsenen Juden. Paulus stellt Folgendes fest: Weil Christus gekommen ist, haben *alle*, die glauben, das gleiche Recht, Söhne Gottes zu heißen, Eins in Christus zu sein und Erben der Verheißung Abrahams zu sein. Sie sind deswegen gerechtfertigt und werden vom Heiligen Geist bewohnt. Dies alles gilt nicht nur für diejenigen, die das Privileg hatten, als freie, männliche Juden geboren zu sein.

Galater 3,28 ist nicht dazu da, um gegen bestehende soziale Ungerechtigkeiten zu kämpfen, die zwischen den genannten drei Paarungen entstehen können. Paulus wendet sich nicht gegen die Unterdrückung, die zwischen Männern und Frauen bestehen kann. Er will klar zeigen, dass es, wenn es um das verheißene Erbe geht, keinen Unterschied zwischen Männern und Frauen gibt. Wie Männer und Frauen nach ihrer Errettung miteinander umgehen sollen, ist hier einfach nicht das Thema. »Was hier auf dem Spiel steht«, so schreibt Cottrell, »ist der geistliche Zustand einer Person oder seine Beziehung zu Gott und nicht kirchliche oder soziale Rollen ... Die Frage, die sich uns stellt, lautet, wie *beginnt* man diese errettende Beziehung zu Gott, nicht, wie setzt man diese Beziehung fort.«[121]

Der Missbrauch von Galater 3,28

In ihrer Euphorie über den Satzteil »da ist nicht Mann und Frau« schießen feministische Ausleger weit über das Ziel von Galater 3,28 hinaus und stellen weit übertriebene Behauptungen auf. Sie erklären diese Stelle als die Mutter aller Stellen über die Geschlechter und räumen ihr einen Vorrang vor allen anderen Stellen ein. Sie wird als die »Magna Carta« des christlichen Feminismus umjubelt, die als solche alle Rollenunterschiede zwischen Männern und Frauen abschaffe.

Indem sie die Interpretationsmethoden der Feministinnen benutzen, verteidigen bibelgläubige Homosexuelle das Recht auf gleichgeschlechtliche Beziehungen, da die Bibel schreibt: »da ist nicht Mann und Frau«. Ein einflussreicher homosexueller Schreiber erklärt dies so: »Wenn es in Jesus Christus nicht länger Männer und Frauen gibt, ist es Gott auch egal, welches Geschlecht wir lieben, welches Geschlecht wir sind oder welches Geschlecht wir glauben zu sein.«[122] Schafft Galater 3,28 wirklich alle sexuellen Unterschiede beiseite? Dürfen Männer Männer heiraten und Frauen Frauen? Kann ein Christ gleichgeschlechtliche Ehen gutheißen?

Die große Mehrheit der evangelikalen Feministinnen lehnt den Standpunkt der Homosexuellen ab. Sie schränken Galater 3,28 mit dem Argument ein, dass andere Schriftstellen die Homosexualität als eine Sünde verurteilen (Röm 1,26.27; 1Kor 6,9.10) und bemerken, dass der Satzteil »da ist nicht Mann und Frau« alle geschlechtlichen Unterschiede nicht gänzlich abschafft. Wenn aber Nicht-Feministinnen Galater 3,28 anderen Bibelstellen gegenüberstellen, die Rollenunterschiede lehren, schreien die Feministen »Foul« und behaupten, dass solche Beweise widersprüchlich sind oder vereinfachte Auslegungen. Sie möchten Galater 3,28 von anderen Bedingungen isolieren, aber ihre Behauptungen sind inkonsequent. Genauso wie Bibelstellen über die Sünde der Homosexualität Galater 3,28 ins rechte Licht rücken, so widersprechen die Stellen über die unterschiedlichen Rollen von Mann und Frau der egalitären Auslegung von Galater 3,28.

Der gleiche Paulus, der schrieb, »da ist nicht Mann und Frau«, schrieb auch, »denn der Mann ist das Haupt der Frau, wie auch der Christus das Haupt der Gemeinde ist«. Das sind keine sich widersprechenden Aussagen. Die erste Aussage betrifft die Gleichstellung in der Errettung; die zweite bezieht sich auf das eheliche Miteinander, wie es von Gott geschaffen wurde. Man kann beide Tatsachen im Neuen Testament stehen lassen, ohne dass sie sich gegenseitig widersprechen, deshalb müssen wir ihnen auch den gleichen Gehalt zumessen. Der Kenner des Alten Testaments, Bruce Waltke, erklärt, wie man diese beiden Aussagen korrekt anpackt: »Diese Tatsache der gleichzeitigen Gleichheit und Ungleichheit der Geschlechter muss in einer dialektischen Spannung gehalten werden, man muss ihnen die gleiche Gewichtung zugestehen und darf nicht zulassen, dass das eine das andere untauglich macht, indem sie sich über sie stellt.«[123]

Petrus hält zum Beispiel diese dialektische Spannung zwischen der Gleichwertigkeit der Eheleute zum einen und den unterschiedlichen Rollen der beiden zum anderen. Laut Petrus sind Frauen »Miterben der Gnade des Lebens« und zugleich der »untergeordnete« Partner in der ehelichen Beziehung (1 Petr 3,1-7). Wir können die biblischen Lehren über die Geschlechter nur verstehen, wenn wir der Schrift erlauben, mit voller Autorität über das Thema der Gleichheit zwischen Mann und Frau zu sprechen und die Rollenunterschiede bei Männern und Frauen. Feministen unterstützen hingegen nur Halbwahrheiten. Sie betonen die Gleichartigkeit in dem männlich-weiblichen Beziehungsgefüge und lassen dabei die Seite der Leitung und Unterordnung außer Acht.

Der Grund, weshalb Feministen so auslegen, ist, dass die Gleichrangigkeit ihr elementares Verständnis ist. Deshalb verneinen sie, dass Gott die Geschlechter in sowohl unterschiedlichen als auch gleichen Dimensionen erschaffen hat. Weil sie mit aller Gewalt an die absolute Gleichberechtigung glauben wollen, können sie nicht anders, als das Konzept von Leitung und Unterordnung als ungerecht und unfair interpretieren. Aber ihre Vorstellungen von Gleichberechtigung sind weltlich und nicht biblisch. Sie vernichten Gottes ursprüngliche Anweisungen zu dem Miteinander von Mann und Frau, die davon geprägt sind, dass einer der beiden gleichwertigen Geschöpfe das Haupt der Beziehung ist.

Die Konsequenzen von Galater 3,28

Die Einheit in Christus zieht wichtige alltägliche und soziale Konsequenzen nach sich. Menschen aus den unterschiedlichsten gesellschaftlichen Hintergründen und von ungleichem Status werden in der Familie Gottes zusammengeführt. Alle Christen – Juden und Griechen, Sklave und Freie, Männer oder Frauen – werden durch den Heiligen Geist getauft und von ihm bewohnt. Sie sind begabt, dem Leib zu dienen und sind vollwertige Mitglieder am Leib Christi. Alle sind eins und müssen sich opferbereit lieben und einander dienen.
Jüdische Christen sollen ihre Brüder und Schwestern aus den Nationen lieben und umgekehrt. Sie sollen einander dienen, sich gegenseitig annehmen, zusammen essen und die Gesellschaft des anderen teilen/miteinander Zeit verbringen. Die Tischgemeinschaft mit einem Mitglied einer anderen Rasse zu verweigern, heißt, das Evangelium zu leugnen (s. Gal 2,11-14). »Deshalb nehmt einander auf, wie auch der Christus euch aufgenommen hat, zu Gottes Ehre« (Röm 15,7).
Sklaven und Freie sollen einander in Liebe dienen und sich gegenseitig in ihrer neuen Stellung in Christus sehen. »Denn der als Sklave im Herrn Berufene ist ein Freigelassener des Herrn; ebenso ist der als Freier Berufene ein Sklave Christi« (1Kor 7,22). Herren und Diener sollen sich gegenseitig mit Respekt behandeln.
Gläubige Ehemänner sollen ihre Frauen mit der selbstlosen, selbstaufopfernden Liebe Christi lieben. Sie sollen sich nicht als die Herren ihrer Frauen aufspielen, denn alleine Christus ist Herr. Eine Ehefrau soll als Miterbin »der Gnade des Lebens« behandelt werden. Die Frau hat genauso das Recht, über den Körper ihres Mannes zu bestimmen, wie der Mann das Recht über ihren Körper hat (1Kor 7,4). Gläubige Frauen sorgen, genau wie die Männer, für die Verbreitung des Evangeliums und dienen dem Leib Christi.
Die ungeschminkte Wahrheit ist, dass im ganzen Kontext von Galater 3,28 nicht die Beziehung von Eheleuten angesprochen wird, genausowenig wie die Aufgaben von Männern und Frauen in der Familie der Gemeinde. Es geht hier nicht um Gleichberechtigung unter den Geschlechtern. Die Bibel sagt sehr wenig über die Gleichberechtigung, aber viel über das ›Eins-sein‹ und die Einheit. Die Wahrheit ist, dass Jesus selber für unser ›Eins-sein‹ gebetet hat und nicht für unsere Gleichrangigkeit (Joh 17). Ungeachtet des Ge-

schlechts und des gesellschaftlichen Status sollen die Mitglieder der neuen Gemeinschaft in Christi von gegenseitiger Liebe, Respekt, Dienst und Einheit geprägt sein. Alle Mitglieder sind gleichsam verantwortlich, Christus in ihrem Leben widerzuspiegeln. Stolz wegen Rassen, Herkunft, sozialem Status und Geschlecht ist Sünde und muss als solche bekannt und als nicht vereinbar mit dem Charakter der christlichen Gemeinschaft zurückgewiesen werden.

Sklavenhaltung und die Unterschiede der Geschlechter

Man argumentiert oft, dass aufgrund von christlichen Werten die Sklavenhaltung in der westlichen Welt abgeschafft wurde. Genauso sollten auch die Frauen aus der Unterordnung ihren Ehemännern und den Gemeindeältesten gegenüber befreit werden. Aber das sind zwei verschiedene Paar Schuhe.

Die Rollenunterschiede zwischen den Geschlechtern nehmen die Regeln der Schöpfung ernst (1Mo 2) und stehen auf dem Fundament des Erlösungswerks Christi (Eph 5). Wenn Paulus und Petrus sich also für Leitung und Unterordnung aussprechen, können sie ihre Lehre auf die Schrift und auf Gottes Schöpfungsordnung begründen. Diese Rollen sind der Wille Gottes für Männer und Frauen.

Die Sklaverei ist jedoch nicht ein Bestandteil der ursprünglichen Schöpfung Gottes. Sie ist eine menschliche Erfindung. Wie auch die Ehescheidung, so ließ Gott sie zu (Mt 19,8). Die Apostel gaben den gläubigen Sklaven und Herren, die ein Teil der damaligen gesellschaftlichen Ordnung waren, eindeutige Anweisungen. Paulus' Aufforderung hob den Status eines Sklaven: »Ihr Herren, gewährt euren Sklaven, was recht und billig ist, da ihr wisst, dass auch ihr einen Herrn in dem Himmel habt« (Kol 4,1). Paulus erinnert den gläubigen Sklavenhalter Philemon daran, dass sein neu bekehrter Sklave, Onesimus, ein »geliebter Bruder« war und dass Philemon den Onesimus genauso aufnehmen sollte, wie er auch Paulus aufgenommen hätte (Phim 16.17).

Paulus und Petrus verteidigen die Sklaverei nicht anhand der Schriften, so wie sie es mit der Leitung und Unterordnung getan haben. Da die Sklavenhaltung eine menschliche Einrichtung ist und nicht Teil der ursprünglichen Schöpfung, wie die Ehe, kann Paulus den Sklaven sagen: »Wenn du aber frei werden kannst, mach umso lieber Gebrauch davon« (1Kor 7,21). Man kann Sklaverei und Ehe nicht miteinander vergleichen.

Fragen

1. Inwiefern beeinflusst die Einstellung, die man zu den Rollen von Ehemann und -frau in einer christlichen Ehe hat, die Einstellung gegenüber den Rollen von Mann und Frau in der örtlichen Familie der Gemeinde?
2. Welche Begriffe umschreiben am besten die Dienste, die Gott in erster Linie für Frauen vorgesehen hat? Zählen Sie einige Verse auf, die Ihre Antwort belegen!
3. Drückt das Verbot von Paulus, dass Frauen nicht die Männer belehren sollen, aus, dass Frauen unfähig sind, andere zu belehren oder anzuleiten? Erläutern Sie Ihre Antwort!
4. Beschreiben Sie die unterschiedlichen Ansichten über die Definition des griechischen Begriffes für »Herrschaft ausüben« (*authenteo*), die zwischen den Feministinnen und den Verfechtern der komplementären Ansicht umstritten sind. Inwiefern hilft der Satzbau bei der Definition dieses wichtigen griechischen Wortes?
5. Welche biblischen Argumente benutzt Paulus, um die Einschränkung, dass Frauen die Gemeinde nicht belehren und leiten dürfen, zu untermauern?
6. Wie argumentiert Paulus in 1. Korinther 14,33-38 bezüglich Unterordnung der Frau in der Gemeinde?
7. Was lernen wir aus 1. Korinther 11 bezüglich der Tatsache, dass Gott das »Haupt« Christi ist? Inwiefern beeinflusst dies unser Verständnis von der Leitung und Unterordnung in der Ehe?
8. Beweisen Sie anhand von 1. Korinther 11, dass Gleichwertigkeit und Rollenunterschiede miteinander harmonieren können!
9. Inwiefern ist der Mann »die Ehre Gottes« und die Frau »die Ehre des Mannes«?
10. Was lernen Männer von Paulus aus Römer 16 bezüglich der geistlichen Arbeit, die ihre Schwestern im Herrn verrichten?
11. Zählen Sie die verschiedenen Dienste auf, für die eine Christin im ersten Jahrhundert verantwortlich war!
12. Warum ist Galater 3,28 für evangelikale Feministinnen so bedeutend?
13. Hebt Galater 3,28 die sexuellen Unterschiede auf? Wenn ja,

nennen Sie einige Konsequenzen, die sich aus dieser Auslegung ergeben!

14. Feministinnen sehen in der Abschaffung der Sklaverei eine Analogie zur Abschaffung von Leitung und Unterordnung in der Familie und Gemeinde. Ist diese Parallele zulässig? Wenn nein, warum nicht?
15. Was haben Sie in diesem Kapitel gelernt, das Ihr Denken und Handeln in Bezug auf Leitung und Unterordnung in der Familie nachhaltig beeinflussen wird?

V. Jesus Christus und seine Apostel redeten klar und deutlich

»Was Sie mir bisher erklärt haben, hört sich vernünftig an, aber wenn ich mit meinen feministischen Freundinnen in der Schule rede, beschuldigen sie mich andauernd, dass ich die Bibel zu wörtlich nehme und zu stark vereinfache.«

»Du hast da ein sehr heißes Eisen angefasst, Tom. Ich für meinen Teil habe jedenfalls viel zu viel Ehrfurcht vor der Bibel, als dass ich eine Auslegung erzwingen oder offensichtliche Aussagen durch irrige kulturelle Ansichten wegdiskutieren könnte.«

»Ich weiß genau, was Sie da meinen«, antwortete Tom. »Ich habe auch schon feministische Auslegungen gehört, die der biblischen Aussage Gewalt angetan haben. Aber wie lösen wir dieses Problem? Woher können wir denn wirklich wissen, dass wir die Bibel korrekt ausgelegt haben?«

»Tom, jeder bibelgläubige Christ behauptet, dass Gott durch die Bibel zu uns spricht oder wie J.I. Packer es ausgedrückt hat: ›Gott predigt durch die Bibel.‹ Deshalb haben wir uns bei unseren Nachforschungen bemüht, Gottes Wort selber zu uns sprechen zu lassen. Wir erlaubten der klaren, einfachen und unmissverständlichen Aussage der Schrift, Gehör zu finden. Darüber hinaus erlaubten wir der ganzen Schrift, zu uns zu sprechen und haben feinfühlig den Kontext der Stelle und den kuturellen Zusammenhang bedacht. Kurzum, wir haben eine gute, gesunde und bewährte Methodik der Bibelauslegung verwendet.«

»Könnten wir an diesem Punkt noch ein bisschen weiter ausholen?«, bat Tom mich.

»Selbstverständlich. Ich erkläre dir jetzt, warum ich meine, dass wir Verfechter der komplementären Sicht die Bibel für sich selbst haben sprechen lassen und wieso wir zuversichtlich sein können, dass wir die Bibel akkurat ausgelegt haben.«

A. Wir erlauben Jesus, für sich selbst zu reden und zu handeln

Jesus Christus wählte im Gebet in Übereinstimmung mit Gott dem Vater zwölf männliche Apostel. Jesus wusste natürlich, was für lang-

fristige Konsequenzen diese auf Männer beschränkte Wahl haben würde. Er machte keine Zugeständnisse an den damaligen Zeitgeist, als er männliche Apostel berief, die zu den ewigen Grundsteinen seiner Gemeinde geworden sind (Mt 19,28; Eph 3,20; Offb 21,14). Jesus wählte nicht nur während seiner Zeit auf der Erde männliche Apostel, sondern wählte höchst persönlich auch Matthias als Ersatz für Judas, und Paulus »als Herold und Apostel ... als Lehrer der Nationen« (1Tim 2,7) aus, als er nach seiner Auferstehung im Himmel erhöht war und zur Rechten Gottes saß.
Da die Feministinnen nicht sehr glücklich darüber sind, dass Jesus nur Männer zu Aposteln berief, sind sie gezwungen, eine Entschuldigung für seine Wahl zu finden. Um ihre peinlich Lage zu rechtfertigen, behaupten sie, die Zeit sei noch nicht reif gewesen für eine Berufung von Frauen als weibliche Apostel. Sie bekunden, dass Jesus sich der damals vorherrschenden Laune anpassen musste, weil er ansonsten abgelehnt worden wäre. Aber die Bibel sagt nichts zu dieser Annahme. Indem die Feministinnen diese Behauptung aufstellen, stellen sie Jesu Charakter und Entscheidungen in Frage. Die Person Jesu wird irrelevant für die Geschlechterfrage. Zumindest bei diesem Thema beleidigen sie seinen Mut und seine Integrität.

B. Wir erlauben der ganzen Schrift, für sich selbst zu reden

Die Bibel lehrt in ihrer Gesamtheit sowohl die Gleichwertigkeit der Geschlechter als auch die Verschiedenartigkeit. Es gibt Textstellen, die die Gleichheit der Geschlechter lehren, und es gibt Textstellen, die geschlechtsspezifische Rollenunterschiede lehren. Es muss gewährt sein, dass jeder dieser Texte mit Vollmacht sprechen kann und bei den Auslegungen mit einbezogen wird.
Wenn man auch nur eine einzige dieser Stellen aus der Diskussion um die Geschlechter ausklammert, verzerrt man das ganze Bild der biblischen Aussage. Der beste Kommentar zur Bibel ist die Bibel selber; und wenn der ganzen Schrift erlaubt wird, für sich selber zu sprechen und sich selber auszulegen, werden wir zu dem Schluss kommen, dass die Schrift sowohl die Gleichwertigkeit der Geschlechter als auch die Unterschiede lehrt. *Verfechter der komplementären Sicht akzeptieren beide Wahrheiten als Teil der ganzen Wahrheit*.
Feministinnen und Nicht-Feministinnen stimmen darin überein, dass

die Bibel lehrt, dass Männer und Frauen gleich im Bilde Gottes geschaffen sind und somit beide eine Persönlichkeit haben, vor Gott den gleichen Stand haben und gleichwertig sind. Sie stimmen allerdings nicht bei den Textstellen überein, die in der Beziehung zwischen Mann und Frau von Leitung und Unterordnung oder Leitung und Hilfe sprechen. Deshalb drehen sich die meisten Auseinandersetzungen um die Auslegung dieser Passagen.

Feministinnen interessieren sich nur für die Gleichberechtigung, während Gott sich für die Gleichheit und die Unterschiede der Geschlechter interessiert. Da die Feministinnen das biblische Prinzip von Leitung und Unterordnung ablehnen, verkünden sie eine Halbwahrheit. Sie spielen die Verse über die Unterordnung der Frau gegen die anderen Verse über die Gleichwertigkeit der Frau aus und verkaufen Letztere als die ganze Wahrheit, was in Wirklichkeit die Wahrheit aber nur verdreht.

Die Feministinnen geben zu, dass es einige unbequeme und »obskure« Verse gibt, die anscheinend Leitung und Unterordnung proklamierten, aber wenn man die Bibel als Ganzes sehe, werde Gleichrangigkeit gelehrt und die paar unangenehmen Verse davon überstimmt. Aber ihre Behauptungen klingen sehr unglaubwürdig. Sieben didaktische (lehrende) Texte lehren spezifisch das Prinzip von Leitung und Unterordnung: 1. Petrus 3,1-7; Epheser 5,22-33; Kolosser 3,18.19; 1. Timotheus 2,8-15; Titus 2,4.5; 1. Korinther 11,1-16; 14,34-38. Diese Texte kann man isoliert voneinander betrachten. Auch sind sie nicht »obskur«. Es sind fundamentale Lehraussagen, die mit voller Absicht die Beziehung und Aufgaben von Männern und Frauen zu Hause und in der Gemeinde ansprechen. Diese Texte vertreten eine deutliche Auffassung, die von dem Schöpfungsbericht aus 1. Mose 2 und der Erlösungsgeschichte Christi mit seiner Gemeinde belegt werden, dass nämlich Leitung und Unterordnung von Gott geplant wurden.

Wenn wir uns das Neue Testament anschauen, können wir ganz leicht erkennen, wie die Aussagen der sieben Schlüsselstellen auf ganz praktische Art und Weise angewandt wurden. Jesus wählte zum Beispiel zwölf männliche Apostel. Die bekannten Lehrer und Prediger der Apostelgeschichte sind allesamt Männer: Petrus, Johannes, Barnabas, Stephanus, Philippus, Paulus, Jakobus (der Bruder des Johannes), Jakobus (der Bruder des Herrn), Silas, Timotheus und Apollos. Die fünf Lehrer und Propheten in der Gemeinde zu

Antiochien, die von Lukas genannt werden, waren: Barnabas, Simon, Lucius, Manahen und Saulus (Apg 13,1). Der große Apostel unter den Nationen war Paulus. Alle Schreiber des Neuen wie des Alten Testaments sind Männer.
Trotz dieser Beispiele und trotz der unmittelbaren Anweisungen in Bezug auf Leitung und Unterordnung, sagt ein angesehener Kommentator der evangelikalen Feministinnen: »Der Heilige Geist ist ›geschlechts-blind‹.«[124] Ist nicht vielleicht dieser Kommentator selber blind?
Feministinnen lassen die Bibel in einen Kampf gegen sich selbst eintreten. Sie schaffen Unfrieden und Verwirrung. Wenn der Bibel als Ganzes erlaubt wird, für sich selber zu sprechen und sich selber auszulegen, lehrt sie sowohl die Gleichwertigkeit der Geschlechter als auch, dass es geschlechtsspezifische Rollen gibt.

C. Wir erlauben der klaren Logik der Schrift, für sich selbst zu reden

Wir bestätigen, dass die wörtliche und einfache Auslegung der Schrift zu dem Schluss führt, dass Jesus und seine Apostel die Gleichwertigkeit der Geschlechter und die geschlechtsspezifischen Rollenunterschiede lehrten. Auf ganz natürliche, direkte, klare und deutliche Art und Weise besteht das Neue Testament unnachgiebig auf der Beziehung von Leitung und Unterordnung zwischen gläubigen Männern und Frauen. Zum Beispiel bestätigen die drei Schlüsselworte im Neuen Testament, die wir untersucht haben – »Haupt«, »Unterordnung« und »Herrschaft ausüben« – die Lehre von Leitung und Unterordnung, wenn sie nicht aus dem Kontext gerissen werden, und entlarven den biblischen Feminismus als falsch und betrügerisch.
Paulus und Petrus erwähnen diese Doktrin nicht nur ausdrücklich, sie argumentieren für sie überzeugend und leidenschaftlich und belegen die zeitlose Anwendung ihrer Lehre anhand der ursprünglichen Schöpfungsordnung und der Ordnung des Erlösungswerks (Eph 5,23-32; 1Kor 11,3). Gott hätte seine Meinung zu diesem Thema nicht klarer und direkter ausdrücken können.
Die Protestanten haben immer geglaubt, dass selbst einfache Gläubige die allgemeinen und klaren Aussagen der Bibel verstehen können. Die inspirierten Schreiber der Bibel wollten verstanden werden; sie versuchten nicht, sich esoterisch auszudrücken und mach-

ten auch keine Wortspielchen mit ihren Lesern. Sie schrieben in verständlicher Sprache, damit Gottes Wort auch von einfachen Leuten verstanden wurde. Oder wie ein Theologe treffend bemerkte, ist die einfache und wörtliche Auslegung der Schrift »der grundlegende Weg, auf dem wir Gott Gott sein lassen und Gott sprechen lassen«.[125] Ferner sind wir bei der einfachen (wörtlichen) Auslegung der Schrift in der Lage, falsche Meinungen und unterschwellige Täuschung, die durch verdrehte Auslegungsmethoden entstanden sind, zu prüfen und aufzudecken.

Zu dieser Tatsache muss man hinzufügen, dass die Lehre des Neuen Testaments über die Geschlechter im Grund sehr einfach ist. Sie ist nicht zu vergleichen mit der Komplexität der Lehren über die prophetischen Zusammenhänge oder die Lehre der Dreieinheit. Es ist eine grundlegende und alltägliche Lehre, vergleichbar mit Brot und Butter. Jeder Gläubige müsste in der Lage sein, zu verstehen, was die Bibel über Leitung und Unterordnung sagt, wenigstens im Großen und Ganzen. Man muss keinen Hochschulabschluss haben oder ein Spezialist der Hermeneutik (die Lehre der Auslegung) sein, um das Prinzip von Leitung und Unterordnung zu verstehen.

Evangelikale Feministinnen haben jedoch aus diesem Thema einen verwirrenden auslegerischen Alptraum erschaffen. Sie wenden unzählige Interpretationsmethoden an und können sich untereinander noch nicht einmal auf eine einzige Methode einigen, um die Leitung/Unterordnungstexte wegzuerklären. Der einzige Punkt, auf den sie sich mit ganzem Herzen einigen können, ist, dass diese Texte nicht das meinen können, was sie aussagen. Feministische Ausleger erniedrigen die einfachen und direkten Aussagen der Schrift und verkünden, dass die wörtlichen Interpretationen der Textstellen über Leitung und Unterordnung zu simplistisch und traditionalistisch seien. Das Ergebnis ist, dass sie der Bibel die Fähigkeit rauben, auch für einfache Menschen verständlich zu sein.

Die grundlegende Gefahr der evangelikalen Feministinnen geht von ihren Methoden der Bibelauslegungen aus. Diese Methoden untergraben sehr ernsthaft die Glaubwürdigkeit, Integrität und Autorität von Gottes geschriebenem Wort. Sie machen aus der Bibel ein absolut verwirrendes Buch, ein unlösbares Rätsel. Die nächste oder übernächste Generation wird den Schaden ernten, der der Glaubwürdigkeit der Bibel angetan wurde, da immer mehr unakzeptable Lehren durch diese schlauen, neuen Auslegungsmethoden aufgestellt werden.

Die Bibel sagt nicht etwas und meint etwas anderes. Sie sagt, was sie meint. Wenn der Sinn der Bibel verdreht wird, so wie die Feministinnen es getan haben, entsteht daraus nur Unsinn. Wer kann denn schon einer Bibel vertrauen, die eine Sache sagt, aber die andere meint?

D. Wir erlauben den Kernaussagen, für sich selbst zu reden

Egal was wir für eine Stellung zu einer Doktrin einnehmen wollen, wir sollten uns zuerst die Schlüsselstellen und -bücher der Schrift ansehen, die sich mit der Doktrin, die in Frage steht, beschäftigt. So findet man zum Beispiel die Schlüsselstellen über die Lehre der Errettung im Römer- und Galaterbrief. Verfechter der komplementären Sicht stützen ihre Aussagen über die Geschlechter auf die Schlüsselstellen, die direkt und systematisch das Thema Männer und Frauen zu Hause und in der Gemeinde ansprechen. Es gibt sieben fundamentale Schlüsselstellen: 1. Korinther 11 und 14; Epheser 5; Kolosser 3; 1. Timotheus 2; Titus 2; 1. Petrus 3. Diese Schlüsselstellen lehren sowohl die Gleichwertigkeit der Geschlechter als auch die geschlechtsspezifischen Rollenunterschiede.

Evangelikale Feministinnen unternehmen im Gegensatz dazu alles in ihrer Macht Stehende, um diese Texte zu neutralisieren. Sie nennen diese sieben Schlüsselstellen über Leitung und Unterordnung »obskur«, »isoliert«, »problematisch«, »schmerzhaft verwirrend«, »kulturell eingeengt«, »nicht authentisch«; sie sollten allesamt »im Lichte von Galater 3,28 interpretiert werden«, die sie als die klarere und theologisch sachdienlichere Stelle betrachten. Feministische Ausleger erklären jedem einzelnen Wort, Ausdruck, Satz oder Buch den Krieg, das die Begriffe Leitung und Unterordnung in den Mund nimmt. Sie entledigen sich ganz einfach jedes Textes, indem sie mit ihrem kuturellen Zauberstab herumfuchteln und diesen Text als »kulturell bedingt«, »zeitbedingt« oder »Sitte des ersten Jahrhunderts« deklarieren, der damit, wie sie beharrlich argumentieren, für die Menschen heutzutage nicht mehr von Bedeutung ist. Rebecca Groothuis besteht zum Beispiel darauf, dass die Texte, die Leitung und Unterordnung lehren, »eine zeitbedingte Anpassung an gewisse funktionelle Unterschiede zwischen Männern und Frauen in alten patriarchalischen Kulturen darstellen«.[126]

Die sieben Schlüsselstellen, die Leitung und Unterordnung lehren, sind jedoch keine isolierten und obskuren Texte und sind auch nicht kulturell bedingt. Sie sind wichtige Bausteine für eine ganzheitliche Lehrposition zur Geschlechterfrage. Es sind didaktische und grundsätzliche Passagen über das Mann- und Frausein, geschrieben für das neue Bündnisvolk Gottes.
Was Vertreter des komplementären Standpunktes so tief erschüttert, ist die Tatsache, *dass das Neue Testament so absolut, eindeutig und wiederholt das Prinzip von Leitung und Unterordnung lehrt*. Schauen Sie sich noch einmal die Schlüsselworte der Kerntexte an:

- »ihr Frauen, ordnet euch den eigenen Männern unter«
- »denn so schmückten sich auch einst die heiligen Frauen, ... und sich ihren Männern unterordneten«
- »wohnt bei ihnen mit Einsicht als dem schwächeren Geschlecht« (1Petr 3,1.5.7)
- »ordnet euch einander unter ..., die Frauen den eigenen Männern als dem Herrn«
- »der Mann ist das Haupt der Frau, wie auch der Christus das Haupt der Gemeinde ist«
- »wie nun die Gemeinde sich dem Christus unterordnet, so auch die Frauen den Männern in allem«
- »ihr Männer, liebt eure Frauen« (Eph 5,22-25)
- »ihr Frauen, ordnet euch euren Männern unter, wie es sich im Herrn geziemt«
- »ihr Männer, liebt eure Frauen und seid nicht bitter gegen sie« (Kol 3,18.19)
- »eine Frau lerne in der Stille in aller Unterordnung«
- »ich erlaube aber einer Frau nicht, zu lehren, noch über den Mann zu herrschen« (1Tim 2,11.12)
- »damit sie die jungen Frauen unterweisen, ihre Männer zu lieben« (Tit 2,5)
- »der Mann aber das Haupt der Frau«
- »die Frau aber ist die Ehre des Mannes« (1Kor 11,3.7, nach Schlachter 2000)
- »sondern sie [die Frauen] sollen sich unterordnen« (1Kor 14,34).

Darüber hinaus *begründen die Apostel das Konzept von Leitung und Unterordnung mit den stärksten und einleuchtendsten Argu-*

menten: (1) die Schöpfungsordnung aus 1. Mose, (2) die allgemeine und gängige Praxis der Gemeinde, (3) die Ordnung zwischen Gott und Christus, (4) das Gebot Jesu Christi und (5) die Beziehung von Christi und seiner Gemeinde. Paulus ist diesbezüglich unnachgiebig. Es ist eine Tatsache, dass er in dieser Angelegenheit sogar viel bestimmter ist, als die meisten von uns zugeben wollen. Schauen Sie sich noch einmal die harten Fakten an, die für die Lehre von Leitung und Unterordnung plädieren:

- »denn so schmückten sich auch einst die heiligen Frauen …, die sich ihren Männern unterordneten«
- »wie Sara dem Abraham gehorchte« (1Petr 3,5.6)
- »ordnet euch einander unter …, die Frauen den eigenen Männern als dem Herrn«
- »der Mann ist das Haupt der Frau, wie auch der Christus das Haupt der Gemeinde ist«
- »wie nun die Gemeinde sich dem Christus unterordnet, so auch die Frauen den Männern in allem«
- »ihr Männer, liebt eure Frauen, wie auch der Christus die Gemeinde geliebt hat« (Eph 5,22-25)
- »ihr Frauen, ordnet euch euren Männern unter, wie es sich im Herrn geziemt« (Kol 3,18)
- »denn Adam wurde zuerst gebildet, danach Eva«
- »Adam wurde nicht betrogen, die Frau aber wurde betrogen und fiel in Übertretung« (1Tim 2,13.14)
- »ich will aber, dass ihr wisst, dass der Christus das Haupt eines jeden Mannes ist, der Mann aber das Haupt der Frau, Gott aber das Haupt des Christus«
- »denn der Mann … [ist] Gottes Ehre; die Frau aber ist die Ehre des Mannes«
- »denn der Mann kommt nicht von der Frau, sondern die Frau vom Mann«
- »auch wurde der Mann nicht um der Frau willen erschaffen, sondern die Frau um des Mannes willen«
- »wenn aber jemand rechthaberisch sein will – wir haben eine solche Gewohnheit nicht, die Gemeinden Gottes auch nicht« (1Kor 11,3.7-9.16, Schlachter 2000)
- »wie es in allen Gemeinden der Heiligen ist«
- »sondern sie sollen sich unterordnen, wie auch das Gesetz sagt«

- »das, was ich euch schreibe, [ist] ein Gebot des Herrn«
- »wenn aber jemand das nicht erkennt, so wird er auch von Gott nicht erkannt« (1Kor 14,34.37.38).

Trotz alledem reden manche Feministinnen so, als ob diese Lehre zur Zeit der Apostel niemals existiert hätte oder als ob fast alle Christen seit dieser Zeit die Apostel falsch verstanden hätten, sie selber natürlich ausgeschlossen. Sie diskutieren das offensichtlich weg. Sie arbeiten frenetisch an der Neu-Auslegung der Schlüsselstellen, um die Neutralität der Geschlechter noch steigern zu können. Das ist nichts anderes als Auslegung mit Vorurteilen, hier bezogen auf die Geschlechter. D. A. Carson, Professor für Nachforschungen an der Trinity Evangelical Divinity School, drückt sehr treffend aus, was viele Vertreter der komplementären Sicht denken: »Wir sehen uns einer Ideologie gegenüber, die sich ihrer selbst so sicher ist, dass sie, in den Händen von manchen, noch nicht einmal dem Text erlaubt, für sich selber zu sprechen.«[127]

Fragen

1. Was bedeutet *Hermeneutik*? Benutzen Sie ein Wörterbuch, um eine Antwort zu finden.
2. Warum stehen Auslegungsmethoden im Mittelpunkt der Diskussion um die Geschlechter?
3. Welchen »Auslegungs-Zauberstab« schwingen die Feministinnen über jeden Vers der Schrift, um zu demonstrieren, dass sie nicht mehr auf heute anwendbar ist? Suchen Sie sich eine der Schlüsselpassagen aus und erzählen Sie dafür ein Beispiel.
4. Wer, so glauben Sie, begründet Jesu Entscheidung für ausschließlich männliche Apostel richtig – der komplementäre oder feministische Standpunkt? Erläutern Sie Ihre Antwort!
5. Warum ist es so wichtig, die Bibel im Ganzen zu untersuchen, um eine Doktrin korrekt auslegen zu können? Zählen Sie einige Gründe auf!
6. Was wird gemeint, wenn man von der klaren und wörtlichen Auslegung der Schrift spricht? Warum muss man immer diese Art der Auslegung anwenden?
7. Inwiefern untergraben die Auslegungsmethoden der Feministinnen die Glaubwürdigkeit, Integrität und Autorität des Wortes Gottes?
8. Ein Zitat des Autors: »Die nächste oder übernächste Generation wird den Schaden ernten, der der Glaubwürdigkeit der Bibel angetan wurde, da immer mehr unakzeptable Lehren von diesen schlauen, neuen Auslegungsmethoden aufgestellt werden.« Nennen Sie andere Lehren der Schrift, die Ihrer Meinung nach zukünftig neu ausgelegt und der säkularen Gesellschaft angepasst werden.
9. Was versteht der Autor unter einer »Schlüsselstelle«?
10. Welche zwei der sieben Schlüsselstellen, die das Prinzip von Leitung und Unterordnung lehren, finden Sie am überzeugendsten? Erläutern Sie Ihre Wahl!
11. Wie würden Sie beweisen, dass Paulus von seiner eigenen Lehrauffassung fest überzeugt ist?
12. Nachdem Sie das fünfte Kapitel gelesen haben, glauben Sie, dass der komplementäre Ansatz die Bibel zu simplistisch auslegt, so wie die Feministinnen beklagen? Erläutern Sie Ihre Antwort!

13. Was haben Sie in diesem Kapitel gelernt, das Ihr Denken und Handeln beeinflussen wird?

VI. Sei mutig und halte am Glauben fest

»Mann, was bin ich froh, dass wir uns die Zeit genommen haben und die Schrift zusammen durchgegangen sind«, kommentierte Tom. »Ich habe nie gewusst, das die Bibel so viel über die Geschlechter zu sagen hat. Mir war auch nie klar, wie eindeutig sie dieses Thema behandelt. Das hat mich wirklich am meisten beeindruckt.«
»Tom, ich will noch einmal wiederholen, was ich die ganze Zeit schon gesagt habe. Wenn die Bibel für sich selber sprechen darf, lehrt sie ganz klar und eindeutig, dass Gott Männer und Frauen gleich seinem göttlichen Ebenbild erschaffen, ihnen aber verschiedene Rollen zugedacht hat. Man muss die Schrift schon arg verdrehen, um die Rollenunterschiede aus der Bibel zu verbannen.«
»Sie haben Recht, aber die Menschen glauben so fest an die Gleichberechtigung, dass sie die Rollenunterschiede einfach nicht akzeptieren wollen, egal, von wem.«
»Ich weiß! Wir schwimmen gegen eine weltweite Woge von Meinungen.«
»Es ist sehr schwer, gegen die Flut zu schwimmen«, sagte Tom.
»Stimmt, wir sind aber dazu berufen, an Jesus Christus und seinem Wort festzuhalten und nicht an der gängigsten Meinung.«
»Beten Sie bitte, dass ich den Mut habe, für meinen Glauben einzustehen.«
»Das werde ich. Hier sind einige abschließende Gedanken, um dich in deinem Glauben zu ermutigen und zu stärken.«

Erstens, wenn Sie glauben, dass Gott Männer und Frauen zwar gleich, aber doch unterschiedlich geschaffen hat, stehen Sie auf einem gesunden, ehrlichen und biblisch fundierten Standpunkt. Sie bleiben dem biblischen Bericht treu. Sie erlauben Gott, für sich selber zu sprechen und auch der Bibel, das zu sagen, was sie meint. Sie beschützen die Glaubwürdigkeit der Bibel und bejahen, dass sie klar und deutlich redet. Sie glauben, was Gottes Volk seit dem Beginn der menschlichen Geschichte geglaubt hat. Sie treten in die Fußstapfen Jesu Christi und in die seiner heiligen Apostel. Also, seien Sie ermutigt. »Der Himmel und die Erde werden vergehen«, sagte Jesus, »meine Worte aber sollen nicht vergehen« (Mt 24,35). Zweitens treten einige der bekanntesten und gelehrtesten bibelgläubigen Theologen mutig gegen die ungesunden Auslegungsmethoden und Anwendungen der Feministinnen an. Sie schreiben immer wieder neue faszinierende Bücher und Artikel, welche die Festungen der Feministinnen erschüttern und die Wahrheit bestätigen, dass die Bibel für Leitung und Unterordnung eintritt. Wenn Sie ohne Vorurteile die biblische Wahrheit über die Geschlechter herausfinden wollen, stehen Ihnen anschauliche Informationen aus neuesten Nachforschungen zur Verfügung.[128] Also, »strebe danach, dich Gott bewährt zur Verfügung zu stellen als ein Arbeiter, der sich nicht zu schämen hat, *der das Wort der Wahrheit in gerader Richtung schneidet*« (2Tim 2,15; Hervorhebungen hinzugefügt).

Drittens weigern sich Millionen von kleinen Gemeinden und christlichen Führern auf der ganzen Welt standhaft, ihre Knie vor den falschen Göttern der Egalität zu beugen und die von Gott erschaffenen geschlechtsspezifischen Rollenunterschiede auszulöschen, egal, wie überwältigend der Druck ist. Sie weigern sich, feministische Ideen der Gleichberechtigung aufzufassen – nicht, weil sie halsstarrige Wortklauber oder blinde Traditionalisten sind oder weil sie Angst vor Frauen haben, sondern weil Gott ganz einfach etwas anderes sagt. Sie durchschauen auch, was sich hinter dieser Debatte wirklich versteckt – geistliche Kriegsführung gegen den souveränen Entwurf des Schöpfers für die Ehe, Familie, Gemeinde und gegen Gott wohlgefälliges Mann- und Frausein:

> Denn unser Kampf ist nicht gegen Fleisch und Blut, sondern gegen die Gewalten, gegen die Mächte, gegen die Weltbeherrscher dieser Finsternis, gegen die Geister der Bosheit in der Himmelswelt (Eph 6,12).

Lassen Sie sich durch die Kraft, Treue und den kompromisslosen Mut Ihrer Brüder und Schwestern ermutigen, dem Wort des Herrn nachzufolgen und gegen die Einwirkung der Gesellschaft anzutreten.

Viertens werden diejenigen, die sich an Gottes Blaupause für die Ehe halten, glücklichere und stärkere Ehen entwickeln, von denen ihre Kinder profitieren werden. Die, welche Gottes Plan für die Ehe und die Geschlechter kennen, können so ihre Familien vor einer säkularisierten Gesellschaft beschützen, die bis zum Bersten gefüllt ist mit Rebellion gegen Gottes Gesetz, sexuellen Entartungen, Scheidung, vaterlosen Familien, Lügen, Einsamkeit und Leid. Wenn man an Gottes Entwurf für die Geschlechter festhält, wird außerdem den Gemeinden geholfen, an einer gesunden Lehrauffassung festzuhalten, die sie zum Wachstum ganz nach Gottes Plan befähigt. Deshalb wiederhole ich das, was Gott zu Josua sagte: »Dieses Buch des Gesetzes soll nicht von deinem Mund weichen, und du sollst Tag und Nacht darüber nachsinnen, damit du darauf achtest, nach alledem zu handeln, was darin geschrieben ist; denn dann wirst du auf deinen Wegen zum Ziel gelangen, und dann wirst du Erfolg haben« (Jos 1,8).

Fünftens werden die Vertreter des komplementären Standpunkts nicht aufhören, an ihre feministischen Brüder und Schwestern zu appellieren. Schon oft wurden Meinungen geändert. Anders als säkulare, liberale und feministische Theologen, so glauben evangelikale Feministinnen, dass Gott der Verfasser der Schrift ist und dass es sein Buch ist. Somit befinden wir uns auf gemeinsamem Boden, von dem wir aus fortfahren können, zu reden und Überzeugungsarbeit zu leisten. So wollen wir an unsere feministischen Brüder und Schwestern appellieren und Sie als unseren Freund warnen. Der aufgeweckteste Verstand kann durch die egalitäre Philosophie vernebelt werden, die von außen fair und gerecht wirkt, aber der Entscheidung des Schöpfers widerspricht, seine Geschöpfe so zu erschaffen, wie er es getan hat.

Sechstens verherrlichen diejenigen, die Gottes Plan für die Geschlechter, Ehe und Gemeinde nachfolgen, letzten Endes Gott. Indem sie das tun, ernennen sie Gott zum souveränen Herrscher über die Schöpfung. Das macht Gott Freude, und nichts ist einem Kind Gottes wichtiger, als dies zu tun.

Stichwortverzeichnis

Adam 24, 27, 29-34, 36, 37, 39, 43, 44,
. . . . 78, 79, 91, 99, 100, 110, 111, 136
Annan, Kofi 18
Apollos 117, 118, 131
Apostel 27, 41, 44-47, 50-53,55, 56, 66, 89, 90, 95, 101,
103, 104, 115, 116, 125, 129, 130-132, 135, 137, 138, 141
Aquila 113, 114, 117, 118
Autorität ausüben/innehaben (*authenteo*) 58, 96-98

Baldwin, Scott 98
Bilezikian, Gilbert 29

Carson, D.A. 137
Christians for Biblical Equality 15
Clark, Stephen B. 24, 57, 90, 96
Cottrell, Jack 29, 43, 52, 122
Council for Biblical Manhood and Womanhood (CBMW) 14

Diakonissen 118
Dunn, James D.G. 116

Eva 29, 30, 32, 35, 36, 39, 43, 44,
. . . . 78, 79, 83, 91, 99, 100, 110, 111, 136
Evangelikal – Feministischer Ansatz 14

Geheimnis 77-79
Gesetz 48, 84, 101, 102, 120, 121, 136, 143
Groothuis, Rebecca 29, 42, 72
Grudem, Wayne 59, 60, 72, 73, 88

Haupt (*kephale*) . 13, 15, 31, 33, 36, 39, 43, 44, 45, 58, 72, 73,
. . . . 79, 88, 90, 97, 100, 105-109, 111, 116, 123, 135, 136
Hendricks, William 83
Hilfe (*'ezer*) 13, 28, 32, 35, 58-62, 72, 83, 86, 96, 111, 114, 131
Homosexualität 122

Jesus als Mann 42, 43
Johnson, S. Lewis Jr. 107
Junias 112, 113, 115, 116

Kassian, Mary 75, 86
Kleidung, weibliche 61, 94
Knight, George III 69, 70, 94
Köstenberger, Andreas J. 98
Komplementäre Position 7, 12-14, 20

Lewis, Robert 83
Lloyd-Jones, David Martyn 74, 77
Luther, Martin 7

Manchester, William 7
Menschenrechtskommission der UNO 18
Morris, Leon 104
Mouser, William 45

Neuer, Werner 35, 37
O'Brien, Peter 80
Ortlund, Raymond Jr. 27

Patterson, Dorothy 85
Paulus 24, 30-32, 44, 45, 55, 56, 61, 66-70,
. . . . 71, 72, 74, 75, 77-84, 86, 88, 89, 92-117,
. . . . 120, 121, 123, 125-127, 130-132, 136, 138
Phöbe 112-114
Piper, John 75
Priscilla 112, 114, 117, 118

Schreiner, Thomas R. 94
Seneca Falls Convention 51
Sklaverei 125, 126, 128
Spencer, Aída Besançon 42
Stott, John 94

UN – Menschenrechtsreport 18
Unterordnung (*hypotasso*) 13-15, 18, 28, 29, 31, 32, 34,
. . . . 52, 56-64, 66-76, 78-80, 83, 86-91, 94-97,
. . . . 100-108, 112, 123, 125, 127, 128, 131-136, 138, 142

Van Leeuwen, Mary Stewart 29

Waltke, Bruce 123

Anmerkungen

1 William Manchester, »A World Lit Only By Change«, (*U.S. News & World Report*, 25. Oktober 1993), S. 6.

2 Richard N. Ostling, The Second Reformation, (Time, 23. November 1992), S. 53.

3 Donald S. Whitney, Spiritual Disciplines for the Christian Life (Colorado Springs: Nav. Press, 1991), S. 28. Whitney bezieht seine Informationen aus einer Gallup-Umfrage aus dem Jahr 1980 von Christianity Today. Siehe auch Harold O. J. Brown, »What's the Connection Between Faith and Works? *Christianity Today* (24. Oktober 1980), S. 26-29.

4 Georg Gallup, Jr. und Robert Bezilla, *The Role of the Bible in American Society*, Zum Anlass des 50. Jubiläums von National Bible Week, 18. –25. November 1990 (Princeton: The Princeton Religion Research Center, 1990).

5 »Das Lesen der Bibel wird in den kommenden Jahren abnehmen. Folglich werden die Menschen die Bibel immer weniger als Richtschnur für ihren Glauben und Alltag benutzen. Worauf wird man sich denn dann stützen? Natürlich gibt es da mehrere Möglichkeiten; am wahrscheinlichsten ist wohl aber, dass man sich einfach auf seine eigenen Erfahrungen stützt« (Millard J. Erickson, *Where is Theology Going?: Issues and Perspectives on the Future of Theology* [Grand Rapids: Baker, 1994], S. 100).

6 René Pache, *The Inspiration and Authority of Scripture*, Übersetzung Helen I. Needham (Chicago: Moody, 1969), S. 221.

7 Emily MacFarquhar, »The War Against Women«, *U. S. News & World Report* (28. März 1994), S. 42.

8 *The United Nations and the Advancement of Women 1945-1996*, The United Nation Blue Books Series, Band 6 (Überarbeitete Fassung, New York: Department of Public Information, United Nations, 1996), S. 57.

9 *The Quotable Kofi Annan: Selections from Speeches and Statements by the Secretary-General* (New York: United Nations, 1998), S. 16.

10 *Human Development Report 1998*, für das United Nations Development Programme (New York: Oxford University Press, 1998), S. 16.

11 Ebd., S. 17.
12 *The World's Women 1995: Trends and Statistics*, Social Statistics and Indicators, Serie K, Nr. 12 (New York: United Nations, 1995), S. 151-175; *Human Development Report 1998*, für das United Nations Development Programme (New York: Oxford University Press, 1998), S. 25.
13 *Human Development Report 1993*, für das United Nations Development Programme (New York: Oxford University Press, 1993), S. 31.
14 Ebd., S. 17
15 Barbara Ehrenreich, »For Women, China Is All Too Typical«, *Time* (18. September 1995), S. 130.
16 Stephen B. Clark, *Man and Woman in Christ: An Examination of the Roles of Men and Women in Light of Scripture and the Social Sciences* (Ann Arbor: Servant, 1980), S. 5.
17 Wenn Sie noch Fragen zu geschlechtseinschließender Sprache und Bibelübersetzungen haben, lesen Sie Wayne Grudens *What's Wrong with Gender-Neutral Bible Translations?* (Libertyville: CBMW, 1997); Vern Poythress, »Searching Instead for an Agenda-Neutral Bible«, *World* (21. November 1998), S. 24-25. In die gleiche Richtung geht D.A. Carson, *The Inclusive Language Debate: A Plea for Realism* (Grand Rapids: Baker, 1998).
18 Raymund C. Ortlund, Jr. »Male-Female Equality and Male Headship: Genesis 1-3, in *Recovering Biblical Manhood and Womanhood: A Response to Evangelical Feminism*« (Wheaton: Crossway, 1991), S. 98.
19 Derek Kidner, *Genesis: An Introduction and Commentary*, Tyndale Old Testament Commentaries (Downers Grove: InterVarsity, 1967), S. 65.
20 Mary Stewart Van Leeuwen, *Gender and Grace: Love, Work & and Parenting in a Changing World* (Downers Grove: InterVarsity, 1990), S. 42.
21 Rebecca Merril Groothuis, *Good News for Women: A Biblical Picture of Gender Equality* (Grand Rapids: Baker, 1997), S. 35.
22 Gilbert Bilezikian, *Beyond Sex Roles: What the Bible Says About a Woman's Place in Church and Family*, 2. Aufl. (Grand Rapids: Baker, 1985), S. 41.
23 Jack Cottrell, *A Critique of Feminist Bible Interpretation, Gen-*

der Roles & The Bible: Creation, the Fall, & Redemption (Joplin: College Press, 1994), S. 80

24 Ebd., S. 81.

25. Steven Goldberg, *Why Men Rule: A Theory of Male Dominance* (Chicago: Open Court, 1993).

26 Feministinnen spotten, dass, wenn man mit der zeitlichen Reihenfolge der Schöpfung argumentiere, die Tiere dann ja über Adam und Eva herrschen müssten, da sie ja auch vor den Beiden geschaffen wären. Das ist aber ein Trugschluss. Das hieße, Äpfel als Birnen zu verkaufen. Das Argument der zeitlichen Reihenfolge wird von den Schreibern der Bibel nur auf den Menschen bezogen und angewandt. Immerhin befahl Gott den Menschen, und nicht den Tieren, über die Erde zu herrschen. Die Feministinnen leugnen einfach die Auslegung des Neuen Testaments bezüglich der Schöpfungs-Reihenfolge, wie sie in 1. Timotheus 2,13 dargelegt wird.

27 Michael Harper, *Equal and Different: Male and Female in Church and Family*, 2. Aufl. (London: Hodder & Stoughton, 1997), S. 22.

28 Allen P. Ross, *Creation and Blessing: A Guide to the Study and Exposition of Genesis* (Grand Rapids: Baker, 1988), S. 150.

29 Ward Gasque, »The Role of Women in the Church, in Society and in the Home,« *Priscilla Papers* 2:2 (Spring, 1988), S. 7.

30 Werner Neuer, *Mann und Frau in christlicher Sicht*, (TVG Brunnen Gießen, 1993, neu bearb. Auflage) S. 68.

31 Manche Ausleger behaupten, dass dieses »Verlangen« ein sexuelles bzw. psychologisches Verlangen nach dem Mann sei, das trotz den Schmerzen der Geburt und sogar trotz den rauen Forderungen des Mannes empfunden werde. Mit anderen Worten, eine Frau brauche einen Mann; sie sei emotional abhängig von ihm, obwohl er ihr Leben um einiges härter macht. Andere wiederum denken, dass »Verlangen« ein normales, liebevolles Verlangen nach ihrem Ehemann sei, der sich aber nicht als Liebhaber, sondern als Herrscher und Gebieter entpuppt. Eine sehr beliebte Auslegung des Wortes »Verlangen« besagt, dass die Frau krampfhaft versuche, ihren Ehemann zu besitzen und zu kontrollieren. Sie habe nicht das Verlangen, sich ihrem Mann unterzuordnen, sondern ihn zu beherrschen und

seine Leitung an sich zu reißen. Eine Frau manipuliere den Mann, um ihren Willen durchzusetzen.
Beachten Sie: dem Ehemann wird nicht aufgetragen, über seine Frau zu herrschen. Deshalb darf dieser Text nicht dazu benutzt werden, um den Missbrauch von Frauen zu legitimieren. Nirgends steht, ob seine Herrschaft liebevoll oder hart ist.

32 Cottrell, *Gender Roles & The Bible*, S. 141.

33 Gordon J. Wenham, *Genesis 1-15*, Word Biblical Commentary (Waco: Word, 1987), S. 82-83.

34 Die Geschichte der Debora ist die Ausnahme, die die Regel bestätigt. Lesen Sie Richter 4,8.9; 5,2.7 z. Vgl. Jesaja 3,12.

35 Werner Neuer, *Mann und Frau in christlicher Sicht*, (TVG Brunnen Gießen, 1993, neu bearb. Auflage) S. 79-80.

36 Groothuis, *Good News for Women*, S. 109.

37 Ebd., 113

38 Aída Besançon Spencer, *Beyond the Curse: Women Called to the Ministry* (Nashville: Thomas Nelson, 1985), S. 22.

39 Cottrell, *Gender Roles & The Bible*, S. 166.

40 John F. Walvoord, *Jesus Christ Our Lord* (Chicago: Moody, 1969), S. 64.65.

41 Cottrell, *Gender Roles & The Bible*, S. 168

42 William Mouser, *Searching for the Goddess: An Answer to Religious Feminists* (Waxahacie: International Council for Gender Studies, 1980), S. 17.

43 Gretchen Gaebelein Hull, *Equal to Serve: Women and Men Working Together Revealing the Gospel* (Grand Rapids: Baker, 1987, 1991), S. 286.

44 Werner Neuer, *Mann und Frau in christlicher Sicht*, (TVG Brunnen Gießen, 1993, neu bearb. Auflage) S. 87.

45 Groothuis, *Good News for Women*, S. 21; Paul Jewett, *Man as Male and Female: A study in Sexual Relationships from a Theological Point of View* (Grand Rapids: Eerdmans, 1975), S. 169.

46 Alle benannten Apostel des Neuen Testaments sind nicht nur männlich, sondern auch jüdisch. Da sie die Grundsteine der Gemeinde und des Evangeliums waren, mussten sie Juden sein, denn die Rettung kommt von den Juden; die Nationen waren aber in die Verheißungen Gottes eingepfropft (Röm 9,4-5; 11,16-24). Es war Gottes Absicht, dass die ersten Apostel Juden waren. Eine jüdische Her-

kunft ist aber keine Voraussetzung für den Dienst als Ältester oder Diakon oder Leiter in der örtlichen Gemeinde; jedoch werden Frauen nicht als Älteste der Gemeinde zugelassen (1Tim 2,11-15).

47 Cottrell, *Gender Roles & The Bible*, S. 205

48 Harper, *Equal and Different*, S. 38.

49 Clark, *Man and Woman in Christ*, S. 92.

50 Wayne Grudem, »The Myth of Mutual Submission«, in *CBMW News* 1:4 (Oktober 1996), S. 3.

51 Wayne Grudem, »An Open Letter to Egalitarians«, in *Journal for Biblical Manhood and Womanhood* 3:1 (März 1998), S. 3.

52 Wayne Grudem, »Wives Like Sarah, and Husbands Who Honor Them«, in *Recovering Biblical Manhood and Womanhood*, S. 200.

53 Grudem, »The Myth of Mutual Submission«, S. 3.

54 Grudem, »An Open Letter to Egalitarians«, S. 3.

55 J. Ramsey Michaels, *1 Peter*, Word Biblical Commentary (Waco: Word 1988), S. 168.

56 Andrew T. Lincoln, *Ephesians*, Word Biblical Commentary (Dallas: Word 1990), S. 367

57 George W. Knight III, »Husbands and Wives as Analogues of Christ and the Church«, in *Recovering Biblical Manhood and Womanhood*, S. 168.

58 Ebd., S. 174.

59 Neuer, *Man and Woman*, S. 123.

60 Groothuis, *Good News for Women*, S. 150-158.

61 Wenn Sie die Übersetzung von *kephale* mit ›Quelle‹ einmal auf die Probe stellen wollen, lesen Sie Wayne Grudems »The Meaning *Source* Does Not Exist«, in *CBMW News* 3:1 (März 1998); ebenso »The Meaning of *Kephale* (›Head‹): A Response to Recent Studies«, in *Recovering Biblical Manhood & Womanhood*, S. 425-468; Max Turner, »Modern Linguistics and the New Testament«, in *Hearing the New Testament: Strategies for Interpretation*, Herausgeber, Joel B. Green (Grand Rapids: Eerdmans, 1995), S. 165-174.

62 Wayne Grudem, »The Meaning of ›Head‹ in the Bible: A Simple Question No Egalitarian Can Answer«, *CBMW News* 1:3 (Juni 1996), S. 8.

63 Ebd., S. 8.

64 Ebd., S. 8.
65 Grudem, »An Open Letter to Egalitarians«, S. 1 und 3.
66 James B. Hurley, *Man and Woman in Biblical Perspective* (Grand Rapids: Zondervan, 1981), S. 147.
67 D. M. Lloyd-Jones, *Life in the Spirit, in Marriage, Home & Work: An Exposition of Ephesians 5:18 to 6:9* (Grand Rapids: Baker, 1974), S. 226-227.
68 William Weinrich, »Man and Woman in Christ«, *Lutheran Forum* 29 (Mai 1995), S. 45.
69 John Piper, »A Metaphor of Christ and the Church«, *The Standard* (Februar 1984), S. 29.
70 Mary A. Kassian, *Women, Creation and the Fall* (Wheaton: Crossway, 1990), S. 59.
71 William Hendriksen, *Exposition of Ephesians*, New Testament Commentary (Grand Rapids: Baker 1967), S. 250.
72 John MacArthur, Jr. *Ephesians* (Chicago: Moody, 1986), S. 296.
73 D. M. Lloyd-Jones, *Life in the Spirit, in Marriage, Home & Work*, S. 123.
74 W. E. Vine, *An Expository Dictionary of New Testament Words*, 4. Aufl. (Kansas City: Walterick, 1969), 3:51.
75 Weinrich, »Man and Woman in Christ«, S. 45. C. K. Barrett, *The First Epistle*
76 Knight, »Husbands and Wives as Analogues of Christ and the Church«, S. 168.
77 Ernest Best, *Ephesians*, The International Critical Commentary (Edinburgh: T&T Clark, 1998), S. 559.
78 Walter Bauer, *A Greek-English Lexicon of the New Testament and Other Early Christian Literature*, 2. Aufl., Übers. William F. Arndt und F. Wilbur Gingrich, Rev. F. Wilbur Gingrich und Frederick W. Danker (Chicago: University of Chicago, 1979), s. v. »aneko«, S. 66. (Folgend angegeben mit Bauer, *A Greek-English Lexicon of the New Testament*.)
79 Peter T. O'Brien, *Colossians, Philemon*, Word Biblical Commentary (Waco: Word 1982), S. 223.
80 Ralph P. Martin, *Colossians: The Church's Lord and The Christian's Liberty* (Grand Rapids: Zondervan 1972), S. 130.
81 C. K. Barrett, *The First Epistle to the Corinthians* (New York: Harper 1968), S. 156.
82 John Piper and Wayne Grudem, »An Overview of Central

Concerns: Questions and Answers«, in *Recovering Biblical Manhood and Womanhood*, S. 88.

83 Robert Lewis and William Hendricks, *Rocking the Roles: Building a Win-Win Marriage* (Colorado Springs: Navpress, 1991), S. 96-97.

84 Dorothy Patterson, »The High Calling of Wife and Mother in Biblical Perspective«, in *Recovering Biblical Manhood and Womanhood*, S. 367.

85 Ebd., S. 373.

86 Kassian, *Women, Creation and the Fall*, S. 83.

87 Clark, *Man and Woman in Christ*, S. 630.

88 Für eine gründlichere Untersuchung von 1. Timotheus 2,9-15, lesen Sie *Women in the Church: A Fresh Analysis of 1 Timothy 2:9-15*, in dem acht bedeutende evangelikale Gelehrte die Gültigkeit der historischen Auslegung dieser Textstelle zeigen, editiert von Andreas J. Köstenberger, Thomas R. Schreiner, und H. Scott Baldwin (Grand Rapids: Baker 1995).

89 Robert und Julia Banks, *The Home Church: Regrouping the People of God for Community and Mission* (Sutherland: Albatross Books, 1986), S. 82.

90 Thomas R. Schreiner, »An Interpretation of 1 Timothy 2:9-15: A Dialogue with Scholarship« in *Women in the Church*, S. 120.

91 J. N. D. Kelly, *The Pastoral Epistles: I Timothy, II Timothy, Titus*, Black' New Testament Commentaries (London: Back 1963), S. 67.

92 George W. Knight III, *The Pastoral Epistles*, New International Greek Testament Commentary (Grand Rapids: Eerdmann, 1992), S. 109.

93 John Stott, *Guard the Truth: The Message of 1 Timothy & Titus* (Downers Grove: InterVarsity 1996), S. 84.

94 Clark, *Man and Woman in Christ*, S. 196-197.

95 Craig S. Keener, *Paul, Women & Wives: Marriage and Women's Ministry in the Letter of Paul* (Peabody: Hendrickson 1992), S. 109.

96 Spencer, *Beyond the Curse*, S. 88.

97 Henry Scott Baldwin, »A Difficult Word: *authenteo* in 1 Timothy 2,12«, in *Women in the Church*, S. 65-80.

98 Andreas J. Köstenberger »A Complex Sentence Structure in 1 Timothy 2,12«, in *Women in the Church*, S. 81-103.

99 Es ist möglich, dass Vers 34a noch zu Vers 33 gehört. Wenn das stimmt, dann wird die Unterordnung der Frau auf jeden Fall noch einmal in den Versen 36-38 als gängige Gemeindeordnung betont. Wie es denn sei, der Zusammenhang des Ganzen lässt doch eher darauf schließen, dass mit Vers 34a tatsächlich der neuen Abschnitt über das Verhalten der Frau in den Gemeindezusammenkünften begonnen wird, und nicht den Schluss zu »denn Gott ist nicht ein Gott der Unterordnung, sondern des Friedens« (V. 33) bildet.

100 Gordon D. Fee, *The First Epistle to the Corinthians*, The New International Commentary on the New Testament (Grand Rapids: Eerdmans, 1987), S. 2

101 Ebd., S. 710.

102 Leon Morris, *The First Epistle of Paul to the Corinthians*, The Tyndale New Testament Commentaries (Grand Rapids: Eerdmans, 1958), S. 202.

103 Ebd., S. 202.

104 Jack Cottrell, »Christ: a Model for Headship and Submission«, in *CBMW News* 2:4 (September 1997), S. 8.

105 Man ist sich nicht darüber einig, ob Paulus hier Eheleute anspricht oder Männer und Frauen im Allgemeinen. Der Kontext scheint sich mehr an Männer und Frauen insgesamt zu richten, und nicht speziell an Eheleute. Paulus schreibt »jeder Mann« und »jede Frau«. Die Hauptaussage thematisiert das Gebet und Weissagungen von Männer und Frauen, und nicht das Familienleben. Es sind nicht nur Ehemänner Gottes Bild und Ehre, sondern alle Männer. Es ist nicht allein der Ehemann, der »durch die Frau« ist, sondern alle Männer. In dieser Hinsicht gleicht 1. Korinther 11,2-16 den ersten Timotheusbrief 2,8-15, in der die korrekte Wiedergabe von Männer und Frauen im Allgemeinen sprechen muss. Jedoch kann diese Stelle auf jeden Fall auf das Miteinander von Eheleuten bezogen werden. Wenn eine Frau unverheiratet ist, ist das Prinzip dann auf ihren Vater oder die Ältesten der örtlichen Gemeinde anzuwenden.

106 Johannes 14,28; Philippe 2, 6-11; 1. Korinther 11, 2; 15, 28.

107 S. Lewis Johnson, Jr., »Role Distinctions in the Church: Galatians 3,28«, in *Recovering Biblical Manhood and Womanhood*, S. 164.

108 David Gooding, »Symbols of Headship and of Glory«, in *Bible Topics* 3 (Belfast: Operation O.F.F.E.R., n.d.), 2.
109 William E. Mouser, Jr., *Five Aspects of Man: A Biblical Theology of Masculinity* (Mountlake Terrace: Wine Press 1995), S. 5-6.
110 Barbara K. Mouser, »And the Glory of Man«, in *Five Aspects of Woman: A Biblical Theology of Femininity:* A Study Course Offered by the International Council for Gender Studies (Waxahachie, TX: ICGS 1997), 5.5.
111 Barbara K. Mouser, »Glory of Man«, in *Five Aspects of Woman: A Biblical Theology of Femininity,* Ergänzung des Kurses, 5.4.
112 Barbara K. Mouser, »Glory of Man«, in *Five Aspects of Woman: A Biblical Theology of Femininity,* 5.5.
113 Harper, *Equal and Different, S. 22.*
114 James D. G. Dunn, *Romans 9-16*, Word Biblical Commentary (Dallas: Word 1988), S. 888.
115 Bauer, *A Greek-English Lexicon of the New Testament*, s.v. »*prostatis*«, S. 718.
116 James D. G. Dunn, *Romans 9-16*, S. 859
117 John Murray, *The Epistle to the Romans*, The New International Commentary on the New Testament (Grand Rapids: Eerdmans 1968), S. 231.
118 Brad Blue, »The Influence of Jewish Worship on Luke's Presentation of the Early Church«, in *Wittness to the Gospel: The Theology of Acts*, Herausgeber, I. Howard Marshall and David Peterson (Grand Rapids: Eerdmans 1998), S. 481.
119 Stanley J. Grenz mit Denise Muir Kjesbo, *Women in the Church: A Biblical Theology of Women in Ministry* (Downers Grove: InterVarsity 1995), S. 83.
120 George W. Knight III., *The Pastoral Epistle: A Commentary on the Greek Text*, New International Greek Testament Commentary (Grand Rapids: Eerdmanns 1992), S. 170-172 Alexander Strauch, *The New Testament Deacon: The Church's Minister of Mercy* (Littleton: Lewis and Roth, 1992), S. 112-126.
121 Cottrell, *Gender Roles & The Bible*, S. 273.
122 Chris Glaser, *The Word is Out: The Bible Reclaimed for Lesbians and Gay Men* (San Francisco: Harper 1994), 3. Oktober; auch Richard Cleaver, *Know My Name: A Gay Liberati-*

on Theology (Louisville: Westminster John Knox 1995), S. 27; Michael Vasey, *Strangers and Friends: A New Exploration of Homosexuality and the Bible* (London: Hodder & Stoughton 1995), S. 198. Die Nationale Bewegung schwuler und lesbischer evangelikaler Christen nennt sich Evangelicals Concerned (»Besorgte Evangelikale«).

123 Bruce Waltke, »The Relationship of the Sexes in the Bible«, *Crux* 19 (September 1983), S. 14.

124 Gordon D. Fee, *Paul's Letter to the Philippians*, The New International Commentary on the New Testament (Grand Rapids: Eerdman 1995), S. 398.

125 Stephen F. Noll of Trinity Episcopal School for Ministry, zitiert von David Briggs in »Gay Debate Set on Biblical Battlefield«, in the *Rocky Mountain News* (27. Oktober 1992), S. 27.

126 Groothuis, *Good News for Women*, S. 38.

127 D. A. Carson, »›Silent in the Churches‹: On the Role of Women in 1 Corinthians 14,33b-36«, in *Recovering Biblical Manhood and Womanhood*, S. 151.

128 John Piper und Wayne Grudem, Herausgeber., *Recovering Biblical Manhood and Womanhood: A Response to Evangelical Feminism* (Wheaton: Crossway 1991); Mary A. Kassian, *Women, Creation and the Fall* (Westchester: Crossway 1990), Wayne Grudem, »An Open Letter to Egalitarians«, in *Journal for Biblical Manhood and Womanhood* 3:1 (März 1998); Jack Cottrell, *Gender Roles & The Bible: A Critique of Feminists Biblical Interpretation: Gender Roles and the Bible: Creation, the Fall, and Redemption* (Joplin, Mo.: College Press Publishing Company 1994); Wayne Grudem, »The Meaning *Source* Does Not Exist«, *Journal for Biblical Manhood and Womanhood*, 2:5 (Dezember 1997); Andreas J. Köstenberger, Thomas R. Schreiner, und H. Scott Baldwin, Herausgeber *Women in the Church: A Fresh Analysis of 1 Timothy 2:9-15* (Grand Rapids: Baker 1995); S. M. Baugh, »The Apostle Among the Amazons: A Review Article«, *Westminster Theological Journal* 56 (1994): S. 153-171.

Paperback

CLV

W. Sanseri

Kostbarer als Korallen

224 Seiten
ISBN 3-89397-236-6

Es ist erstaunlich, was die Feder einer ehemaligen Feministin hervorbringen kann. Wanda Sanseri hat durch ihr Buch schon viele gläubige Frauen dafür gewonnen, dem biblischen Vorbild für Frauen nachzueifern. Im Leben von 26 Frauen der Bibel stellt sie Grundsätze von Sprüche 31 und Titus 2 dar. Sie tröstet, ermutigt und fordert heraus. Jedes Kapitel endet mit einem anregenden Fragenteil.

Dieser Trainingskurs für Frauen eignet sich besonders zur gemeinsamen Erarbeitung in Zweierschaften und kleinen Gruppen.

dLV

D. Deibler-Rose

Gottes Hand im Dschungel des 2. Weltkrieges

Hardcover

240 Seiten
ISBN 3-89397-346-X

Die erschütternde Geschichte der jungen Missionarin Darlene Deibler-Rose, die an der Seite ihres Mannes als Pioniermissionarin nach Neuguinea reist. Doch dann beginnt der 2. Weltkrieg, das Ehepaar wird auseinandergerissen und gerät in japanische Gefangenschaft, wo der Mann an den Folterungen stirbt. Darlene bleibt bis zum Kriegsende unter unvorstellbaren Umständen in Gefangenschaft, erlebt aber bei allen Grausamkeiten der Japaner Gottes Hilfe und Beistand und wird vielen Frauen im Lager Stütze und Vorbild, den japanischen Peinigern jedoch zur Herausforderung. Ein wertvolles Glaubenszeugnis, das Mut macht, auch in schwierigsten Situationen auf Gott zu vertrauen.